汽车先进技术译丛　汽车创新与开发系列

系统架构设计与平台开发策略

［丹］托比亚斯·明希（Tobias Münch）　著
　　　　　　　　侯旭光　译

机 械 工 业 出 版 社

本书主要包括三部分的内容。本书的第一部分涉及系统架构设计方面，读者将读到大量关于为什么（Why）做系统架构、如何（How）做系统架构、系统架构是什么（What）和什么时候（When）做系统架构的内容。本书的第二部分主要关注平台开发。读者将了解到为什么做平台开发、在开发时如何利用平台思维，以及这样做的收益。本书的第三部分涵盖了一些特殊的主题，如敏捷开发和人工智能等，以及为什么这些主题与系统架构和平台开发有关联。而且，我们今天在行业中可以看到的组织层级的进步以及这种进步对电子系统开发的意义也在本部分有所涉及。本书适合汽车软件工程师、硬件工程师和系统工程师，以及需求工程师和销售人员、管理人员等阅读使用。

原作者致谢

我要感谢很多人,因为没有他们,这本书就不会是应有的样子。

首先,我要感谢我的妻子,她在过去的几年中耐心地陪伴这本书的成长。从最初的想法开始,她就始终支持着我。同时,我也从她不断提出的各种问题中得到了启发。在插图的设计概念方面,她也起着至关重要的作用。最后,为了完成这本书,我不得不利用周末和晚上甚至熬夜进行写作,但她却依然毫无怨言地支持着我。谢谢你的爱!

特别感谢 Matthias Klötgen,他与我围绕系统架构和系统工程进行了精彩讨论、审阅整本书并提供了有见地的评论。同样感谢 Carlo Belardi,他贡献了出众的想法并审阅了整本书。

此外,我要感谢有幸与之合作的行业内各个团队。你们使我的冲动、想法和项目都得到了进一步发展。而且,尤其要感谢你们与我一起打破思维的局限,并使它变得更有趣。你们促使我一直在努力做得更好。

还要感谢我在业内的同行。你们不停地和我一起探索新的想法,挑战我所使用的方法,从而使它们变得更好。

此外,感谢我在职业生涯中遇到的所有导师们——你们给了我在公司环境中实现专业能力和个性成长的绝佳机会。还要特别感谢我的教练们,他们在我的职业生涯中充当了出色的陪练与伙伴的角色。

同时,我还要感谢 Springer Nature 出版社。你们耐心地容忍了我两次延迟交稿。感谢 Scribbr 和 Ben 在校对方面快速而详细的出色工作,感谢 Fiverr 和 Oionin 帮助创建了精美的插图。

最后再说一点俗气的话:感谢我的儿子和女儿,你们给了我一个很好的理由来教导和传授我的知识。感谢我的父母给我创造了一个充满激情、创造力和改变世界的信念的成长环境。

最后,感谢 Bezzera 每天早上为我提供了完美的意大利浓缩咖啡(Espresso)。

关于作者

　　Tobias Münch，毕业于德国达姆施塔特工业大学，专业为通信电子。在他毕业之后，开始了其汽车行业的职业生涯，以 DSP 工程师的身份参与了多个具有创新性的预研系统和产品的开发工作。他很快转而担任车辆多媒体主机和音响功放的系统架构师和总工程师，包括担任欧洲、北美和亚洲几家主要汽车制造商的 RFI[⊖]/RFQ[⊖] 负责人。在他的职业生涯中，他在预研开发、平台开发和产品开发项目中应用了敏捷开发方法，并始终牢记结构化、社会化和技术变革的理念，为 B2B 和 B2C 客户创建可预测未来并具有长期有效性的技术和系统开发解决方案。伴随着汽车行业越来越多地受到软件、互联网和消费电子产品的驱动，他作为技术开发和软件开发部门的总监，成功地管理了多个平行和垂直的跨国团队。而且，他还受邀在企业内部大学的课程和行业论坛中分享自己的知识和洞察。而后，Münch 决定进入消费行业，成功地运用了他在汽车行业所积累的软件、互联网和嵌入式系统等方面的知识，在取得成功的同时，也在其他行业积累了更多经验。目前，他担任音频和嵌入式平台总监的职位。

[⊖] RFI：Request For Information，供应商信息（或意见）征询邀请书。
[⊖] RFQ：Request For Quotation，报价邀请书。

目 录

原作者致谢
关于作者
第1章 引言 ·· 1
1.1 个人概览 ······································· 2
1.2 目标读者 ······································· 3
第2章 系统架构设计 ···························· 5
2.1 定义 ··· 5
2.2 系统工程简介 ································· 7
2.3 电子系统开发 ································· 8
2.4 准备工作 ······································ 10
2.4.1 需求 ··· 10
2.4.2 团队结构 ···································· 18
2.4.3 产品生命周期 ······························ 24
2.4.4 工作量估算 ································· 29
2.4.5 项目管理 ···································· 30
2.4.6 任务组 ······································· 31
2.4.7 流程 ··· 32
2.5 执行 ·· 38
2.5.1 系统架构 ···································· 38
2.5.2 工作产品和文档 ···························· 66
2.5.3 展示 ··· 67
2.6 示例与总结 ···································· 69
2.6.1 步骤1：准备阶段 ·························· 69
2.6.2 步骤2：执行阶段 ·························· 73
2.6.3 步骤3：结束阶段 ·························· 74
2.6.4 总结 ··· 75
第3章 平台开发策略 ···························· 76
3.1 定义 ·· 76
3.2 为什么是平台 ································· 78
3.3 商业方面 ······································ 80
3.3.1 初始开销、回报和生命周期 ··············· 80
3.3.2 上市时间 ···································· 94
3.3.3 商业平台 ···································· 95
3.4 技术方面 ······································ 96
3.4.1 关键部件和参考系统 ······················· 96
3.4.2 平台需求 ···································· 98
3.4.3 组件的重用 ································· 98
3.4.4 战略和创新 ································· 102
3.4.5 软件 ·· 104
3.4.6 硬件 ·· 117
3.4.7 质量和稳定性 ······························ 120
3.4.8 集中存储 ··································· 121
3.4.9 支持和培训 ································· 122
3.4.10 技术发布和平台开发 ···················· 123
3.4.11 产品开发和平台发布 ···················· 124
3.4.12 供应商管理 ································ 125
3.5 组织方面 ····································· 126
3.5.1 平台开发组织 ······························ 126
3.5.2 时间安排和团队规模 ······················ 129
3.5.3 平台项目的管理 ··························· 130
3.6 为什么平台会失败 ·························· 131
3.6.1 导致平台失败的三角关系 ················· 132
3.6.2 管理失败 ··································· 133
3.6.3 工程失败 ··································· 133
3.7 总结和平台开发食谱 ······················· 133
第4章 AI、敏捷开发与组织 ················· 139
4.1 机器学习和人工智能 ······················· 139
4.1.1 机器学习 ··································· 139
4.1.2 人工智能 ··································· 140
4.1.3 对系统架构的影响 ························· 141
4.1.4 对平台开发的影响 ························· 143
4.2 敏捷开发 ····································· 143

4.2.1 瀑布模式与敏捷模式的
　　　比较 ·················· 144
4.2.2 Scrum ················· 146
4.2.3 大型项目的敏捷开发 ······ 148
4.2.4 瀑布环境下的 Scrum ····· 149
4.2.5 看板（Kanban）·········· 151
4.2.6 敏捷开发方法 ············ 153
4.2.7 持续集成和自动化 ········ 154
4.2.8 用户故事 ················ 155
4.2.9 工作估算 ················ 155
4.2.10 对系统架构和平台开发的
　　　 影响 ·················· 156
4.3 组织级变革 ·················· 158
4.3.1 工业 4.0 ················ 158
4.3.2 管理 4.0 ················ 160
4.3.3 对系统架构和平台开发的
　　　影响 ·················· 163

总结 ·························· 165
参考文献 ······················ 168

第1章 引　言

当今的电子系统所涵盖的范围非常大，既包括简单的蓝牙扬声器等小型设备，也包括卫星或宇宙飞船等高度复杂的系统。系统正在变得越来越复杂，处理器正在变得越来越快，传感器也在不断地被引入到我们日常生活中。每个人都在讨论着人工智能、无人驾驶汽车和物联网。不同的系统正在被不断地连接起来，共同组成了如智慧城市和智能网络这样的更大系统。

这些电子系统是如何被开发出来的？人们是如何进行组织从而能够开发出如同宇宙飞船这样的系统并确保它们不会从天上掉下来呢？一个车载导航系统，它集成了电话、Hi-Fi（音响）系统、个人电脑、音乐播放器、云端互联和驾驶员辅助等子系统。对于如此复杂的系统，人们是如何聚集在一起并将其开发出来的呢？有时，开发并实现系统的全部功能，而且最终完成产品发布和销售，如同奇迹一般让人难以置信。例如，有些汽车制造商往往会对他们的下一代导航系统提出几万条的需求。这些需求被传递给供应商，并要求供应商在几周内完成报价工作。一个公司是如何处理这种情况的？他们是如何阅读并理解如此之多的需求？他们是如何确保尚未被开发完成的系统能够在将来正常工作呢？一个公司是如何确保他们所报出的价格能够有充足的利润率并一定能够赚钱呢？他们是如何确保报价阶段所做的商业企划在产品被最终开发完成和交付时依然有效呢？

在报价阶段，某些车企仅能提供一些框图，但却要求供应商提供完整的系统方案和报价。那么，一个公司是如何确保其所提供的产品是车企所需要的呢？或者，如果一家公司希望开发一个新的电子系统，应该如何开始呢？有什么是从技术角度必须要考虑的呢？公司应该如何管理系统的复杂性呢？公司怎么才能确保自己的报价和产品架构优于其他的竞争者呢？或者，如何确保他们选择了合适的细分市场呢？是什么使他们有可能应对如此复杂的系统？另外，在此过程中敏捷开发承担了什么角色呢？在复杂电子系统开发中，上述问题对于系统架构和平台开发而言意味着什么呢？

我在汽车行业的职业生涯中学会了很多知识，包括如何设计不同系统的架构，以及如何使用平台开发策略来提升开发效率和质量。这么多年的经验告诉我：除了使用一套非常坚实的系统架构设计流程并配合平台开发策略，没有任何其他方法能够保证一个复杂系统被成功开发，并在很长一段时间内都能保持竞争力。这是回答以上诸多所提问题的基础。在这本书中，我的目标是描述所有必需的细节，以及我的个人发现和一些现实的案例。

1.1 个人概览

我在行业内的第一份工作就参与设计一个完整的系统。虽然那是一个很小的系统，而且还是一个预研项目，但正是因为这个系统很小，我才有机会独立完成所有的工作。在同事的帮助下，我创建了一块 DSP[一] 上的所有软件。同时，我也创建了微控制器上的软件。我自己检查硬件设计：在硬件板上测量时钟和数据引脚的信号。然后，我在互联网上寻找能够生产漂亮前面板的外壳供应商。接下来，我购买了插接件，并自己将所有的东西都焊接到一起。最后，我将整个设备与另一个现成的产品连接起来，并负责它们之间的通信协议和带宽设计。

在完成上述工作几个月之后，这个设备的第二代产品原型预研工作开始了。它包含三个自己设计的 DSP 主板和一个在 PC 机上运行的复杂调试工具，主板与调试工具之间通过 TCP/IP[二] 协议进行连接。我与一个外部供应商签订了合同，他们负责为我开发几个软件包。于是，在接下来的几个月内，这个设备从一个想法逐渐变成了最终产品。这个过程中，我不仅学会了"对整个系统负责"的真正含义，也学会了很多重要的事情，如数字电路设计、机械设计、外壳设计、供应商管理、文档撰写和测试等。而且，我也理所当然地学会了如何在微控制器和 DSP 上使用 C 语言编程、在 PC 上使用 C#编程、为核心算法优化汇编例程、不同的框架，以及 TCP/IP 协议栈等。同时，我在众多的通信接口形式中详细评估了以太网和 USB 的优势与劣势。由于我把这个过程看作一个培训阶段，因此我能够满怀热情并愉悦地从事这个伟大的项目。这段经历帮助我非常容易地进入到更加复杂的一系列汽车多媒体主机的产品架构设计工作。对我而言，它们都是类似的，只不过更加复杂而已。我所参与的多个产品项目的客户包括来自欧洲、美国和亚洲的多个汽车制造商，但我总能快速上手。于是，我不断地升职。最终，我成为公司内部一个系统架构团队的负责人。

与此同时，我也一直带着一些学生，与他们共同在一些创新性课题上进行研究。这也是我为什么会进入机器学习和人工智能领域的原因。尽管需要同时兼顾本职工作与创新研究，但它们之间并没有什么冲突。对我而言，只是在使用不同的方法进行音频应用领域的信号处理而已。比如，使用特征提取、分类和神经网

[一] DSP 代表 Digital Signal Processor（数字信号处理器），它专门针对数字信号处理进行了优化设计。
[二] TCP 代表 Transmission Control Protocol（传输控制协议），IP 代表 Internet Protocol（互联网协议）。它们都是基本的网络协议。

络技术进行训练和学习等。如今，AI 已经成为行业内最重要的流行词汇，任何希望能够处于领先位置的公司都必须在这个领域有所作为。

另外，幸运的是，我始终工作在平台开发部门。而且，我的周围有着众多优秀的工程师。他们致力于创造可被重复使用的设计，并且从来不想重复开发或重复解释同一个功能。这种特质实实在在地有助于驱动平台开发方法的实现，而且所有的设计都能够被文档正确地记录下来。当一个系统架构的组织设计和开发被高度优化后，它们就可能被最大限度地重复使用，这样的架构才是伟大的架构。不幸的是，没有什么是永恒的。因为管理和技术的变化、关键工程师的离开、预算的削减等都会破坏平台开发方法，更不用说公司里面的政治了。

1.2 目标读者

我写这本书的主要动机是把我与同事们讨论过的，以及我在培训课程上告诉工程师们的所有内容都写下来。这些课程是关于系统架构和平台开发的，参加这些课程的人员范围很广，如软件工程师、硬件工程师和系统工程师，还有需求工程师和销售人员等。本书涵盖了广泛的主题，可以对所有上述人员有所帮助。任何从事电子产品的架构层级开发的人都会从本书中找到对自己有用的东西，至少可以在某些方面提升他们系统开发的效率。

对于这个行业的新人而言，如果你想从软件或硬件架构师晋升为系统架构师，那么这本书将会有助于你获得全面的信息并增进对这个行业的理解。本书也适用于领导架构和开发部门的管理者，或正在建立整个工程开发部门的主管。我的目的是帮助他们在其公司创建理想的组织架构，并确保开发工作尽可能高效。这种高效将大大优化成本，从而可以花更少的钱做更多的事，而且，我想在这里提到的并不仅仅是成本因素。

对于管理人员和工程师而言，没有什么比系统不能顺利和有效地运行更让人恼火的了。所以，让我们将系统顺利并有效地运行起来，并在工作中获得更多的乐趣。

关于我的职业、经验和哲学思想的介绍就到此为止。现在，让我们更详细地了解一下系统架构设计和平台开发策略，并看看有哪些基本原则可以为我们所用。

本书的第 2 章涉及系统架构设计方面。你将读到大量关于为什么（Why）做系统架构、如何（How）做系统架构、系统架构是什么（What）和什么时候（When）做系统架构的内容。

本书的第 3 章主要关注平台开发。你将了解到为什么做平台开发、在开发时如何利用平台思维，以及这样做的收益。

本书的第 4 章涵盖了一些特殊的主题，如敏捷开发和人工智能等，以及为什么这些主题与系统架构和平台开发有关联。而且，我们今天在行业中可以看到的组织层级的进步也在本部分有所涉及，并解释了这种进步对电子系统开发意味着什么。

第 2 章　系统架构设计

2.1　定义

> 如果你把一件事情分解为小的工作，就没有什么是特别难的。
> *Nothing is particularly hard if you divide it up into small jobs.*
>
> ——亨利·福特
> 福特汽车公司创始人

在进行详细讨论之前，我们需要明确定义系统架构设计这个词。本书中的系统一词指代一个由架构元素所构成的有限层级结构，这些架构元素在逻辑上所组成的有机整体具有某种特定的行为。它是有边界的，这种边界既体现在它与外部世界的接口，也体现在其内部的原子级（不可被分割的）组件。只有在这种特定情况下，对其进行观察才是有意义的。

让我们用一所房子作为例子，并把它定义为一个系统。我们需要知道整个房子的架构是什么样子的，并且需要有一个可以让观察越来越详细的层次结构。例如，较小的架构元素是房子二楼的地板，二楼地板上的厨房，或厨房中的冰箱。在这个视角中，控制冰箱的 PCB⊖ 对于这个特定的视图来说可能已经没有意义。但如果我们把冰箱看成是一个新的系统，控制冰箱的 PCB 就变得有意义了。此时，我们所关注的层级的细节就是冰箱的外壳、冰箱的减振器和内部的东西，也许还有上述 PCB 上使用的微控制器。

层级结构是有限的，因为我们在房子的定义上就已经不再关注更高层级的东西了。我们并不想看清整条街道、城市和地球。但我们需要清晰地定义这个房子与地面之间的接口。此外，我们要考虑环境条件，确保房屋在该地区各种天气条

⊖ PCB 代表 Printed Circuit Board，意为印制电路板。通常指电子设备中的电路板，承载着焊接在上面的电子零件和电路。

件下都能保持坚固并能正常发挥作用。我们将视野限制在内部和细节的另一端。例如，我们可能会研究微控制器，以及其中的数据是如何通过比特和字节进行移动的，但我们可能对这个芯片之中的晶体管和电子元件不感兴趣。因此。最小的部分（即本例中的原子部分）是相对的，并取决于我们所关注的系统。房子的建筑师可能会把冰箱作为最小的元素并不再关注其内部细节。但如果把冰箱本身看作是一个系统，设计这个系统的另一个架构师就需要关注其内部的元素（图 2.1）。

图 2.1　被作为系统看待的房子

对于电子系统而言，架构元素至少包括硬件、软件和机械元素。在特定的环境中，这个系统具有特定的行为。由于这些元素之间的相互依赖性，它们非常紧密地联系在一起，需要被评估、调研和设计。在汽车行业中，一个人必须要应对为不同领域所定义的各种额外需求，如特殊的硬件要求、人身安全要求和产品安全要求等。相较于消费类产品，汽车电子部件必须能够在更大的温度范围内工作，并具有更低的故障率。其他行业，如医疗或航空电子设备等又有不同的要求。

最后，系统架构设计是如上所述的创建系统架构的过程。

2.2 系统工程简介

设计不仅仅是外表和感觉，设计要考虑产品如何运行。
Design is not just what it looks like and feels like. Design is how it works.
——史蒂夫·乔布斯
苹果 CEO 及联合创始人

设计一个系统及其所有的层级结构究竟需要什么？这个主题是如何嵌入到更广泛的系统工程领域的？

系统工程是一门学科，也是一种开发大型复杂技术系统的思维方式。它涵盖了技术开发和项目管理的所有方面（图 2.2）。在 Kossiakoff 和 Sweet 的《系统工程》一书[1]或美国国防部的《系统工程基础》[2]中对其进行了很好的概述。虽然系统工程涵盖了整个过程，但在这里，我希望把重点放在技术设计部分。在项目管理方面，我将不做过多的阐述。此外，我将只在一个非常高的层级上讨论集成和测试策略。

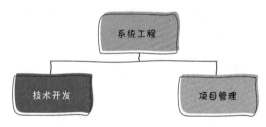

图 2.2 系统工程

系统工程是一种开发特定系统的整体方法。它将整个开发过程分解为子系统、组件和部件，并指导从想法到生产的各个环节。其主要思想是将不同的学科结合起来，控制相互之间的依赖关系。系统工程师必须遵循各种明确定义的流程。

此外，系统工程涉及一种特殊的思维方式。如果想在一个公司引进系统工程，其整个文化必须改变。

系统工程在工程开发中发挥作用始于 1940 年左右，当时贝尔实验室应用系统工程方法成功地开发出他们的第一个电信系统。此后，系统工程的重要性随着火箭、航天飞机和卫星等复杂系统的出现而日益增加。因为这些系统每次发射都需要花费至少数百万美元的成本，如果系统设计失败，其代价是非常高的。

西蒙-拉莫被认为是系统工程的发明人，他对系统工程的描述如下："属于工程的一个分支，聚焦于整体而非部分的设计和应用，审视一个问题的整体，考虑所有的方面和所有的变量，并将社会和技术联系起来"[3]。

在这里，我希望把重点放在电子系统开发上。我的主要经验来自于汽车和消费类电子设备。因此，我不会过多谈论航天飞机（图2.3）与卫星。如果你对类似系统感兴趣的话，可以看看Fortescue、Stark和Sophia所著的《航天器系统工程》[4]等书，或者下载NASA的《系统工程手册》[○]。你会在其中了解到所有关于航天器系统工程的知识，还会看到，所有的主要原则总是相同的，但每个行业都有它的特点。也许正是因为航天器工程所独具的挑战性环境，从而使得它变得非常特别，并对架构设计产生了巨大的影响。另外，航天飞机通常不会大规模生产。

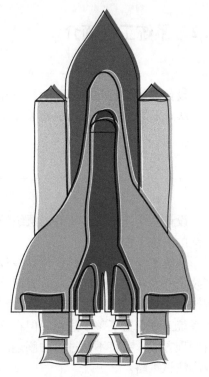

图2.3 航天飞机

2.3 电子系统开发

现在，假设我们想开发一个电子系统。我们应该如何开始？首先，我们需要需求，也就是：这个系统应该是什么样子的？该系统存在的目的是什么？该系统应该做什么？该系统的行为应该是怎样的？如今，创建和收集需求已经成为系统工程中的一门学科。

首先，我们需要一个需求工程师来组织和管理这些需求。然后，如果马上有人能告诉你如何实现一个满足所有这些需求的系统，那么这个人一定是系统架构师。对于复杂的系统，他可能无法独立完成工作，因为他可能无法应对所有的具体技术领域。此时，需要一个专家团队来完成这些工作。于是，团队成员之间需要进行大量的沟通工作。此外，我们还需要一些流程，例如：捕捉需求，并在开发过程的所有阶段系统地跟踪它们。我们还需要很多其他流程，比如创建系统设

○ https://www.nasa.gov/connect/ebooks/nasa-systems-engineering-handbook

计的流程，或者是 RFQ⊖ 阶段的流程。当然，开发流程本身也是最关键的流程之一。

然后，在开发结束时有人可以查看需求，并根据这些需求来测试系统。在项目管理方面，需要一个能够启动项目的项目经理，他需要制定一个时间计划，并负责管理团队、预算和相关人员的工作量。还需要相关的工具来跟踪开发团队的进展。需要特别指出的是，系统架构师需要有一个关于各种硬件、软件和机械解决方案的知识基础，这些知识往往已经存在于公司内部或相关供应商手中。

图 2.4 所展示的 V 模型⊖ 是一种系统化开发系统的有效方法，涵盖了系统开发的各个主要活动。

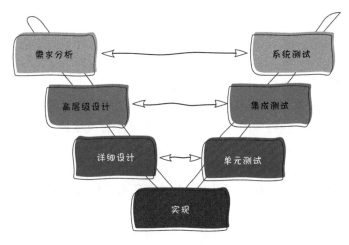

图 2.4　V 模型

该模型分为左右两个部分。V 左边为开发阶段，始于系统需求的分析，历经不同层次的设计阶段，直到功能和组件的实现。V 右边为测试阶段，需要从 V 字左边的相应阶段获得如何进行测试的规范。最终的系统测试阶段是对原始需求是否得到满足的最后检查。顺便说一下，V 模型所示的开发流程与一个人的项目管理风格无关，无论项目管理风格是瀑布式还是敏捷式，这些阶段总是应该存在的。关于敏捷开发的更多细节，以及它与系统架构的关系，可以在本书最后关于敏捷开发的章节中找到。

通过上面的介绍，你可以看到，系统架构设计是一种高度跨学科的活动，系统架构师的角色与负责上述其他活动的人员角色存在一定的重叠。因此，我们将

⊖　RFQ 为 Request For Quotation 的缩写，将在稍后进行详细的解释。

⊖　V 模型是一种图形化表达系统开发生命周期的方式（维基百科）。

继续讨论实际的设计过程。首先是一些关于需求开发与管理活动的细节。

2.4 准备工作

2.4.1 需求

所有的架构工作均始于需求。没有需求，你就无法开始！然而，需求的格式、质量和细节水平却可能有巨大的差异。在汽车行业，有的汽车制造商只是绘制了一些图纸就交给了供应商。而有些汽车制造商则会自己设计详细的架构、进行可行性研究，并对二级供应商进行管理。同时，他们也可能会为一个完整的系统创建成千上万的详细需求，涵盖所有相关方面。系统架构师的工作之一就是对这些需求进行筛选，然后将其委托给相关的专家或业务领域的负责人，并与他们共同创建系统架构的第一个草图。

系统架构师和他的核心团队共同完成的系统设计将作为业务领域负责人下一步开展工作的需求基线。然而，由于种种原因，这些业务领域负责人可能会随时对系统架构师提出一些特殊的要求，这些要求可能会改变原来的系统架构设计。因此，系统架构设计是一个需要反复迭代的过程。

创建第一个草图是系统设计过程中非常关键的步骤，需要大量的经验，并取决于公司的技术策略，以及对公司内部与外部所有可用技术的出色了解。

2.4.1.1 技术策略

系统架构师需要有一个技术策略，这个策略要么与公司的其他架构师保持一致，要么由首席技术官或其他负责技术方向的人（如首席工程师）给出。这个策略可能包括推动某种技术的发展，也可能意味着优先选择某个处理器系列，或尽可能多地使用现有的内部平台开发，或使用自己公司的新专利技术。这些都是需要考虑的内部要求，它们需要被添加到客户需求中。

2.4.1.2 平台内容

这里的平台一词是指软件和硬件的关键构件的集合，也许还包含更多含义，关于平台的常见误解是平台指代某一个具体的硬件，这是错误的。在我们开始谈论平台之前，需要对其进行明确定义，具体请参考本书第3章中关于平台的章节，以了解更多细节。但在这里，让我们假设平台是一个关键组件的集合，其目的在于尽可能地在不同客户的多个项目中被重复使用。因此，平台开发的主要好处是一次开发多次使用。这个目的可以通过采用模块化开发、可扩展的设计、与硬件平台解耦，以及组件可配置等方法来实现。

系统架构师需要知道并清楚地了解平台开发部门中哪些方案或技术是可用的，以及哪些不可用。此外，还需要知道所有平台组件的内部路线图，以评估某些计划开发的组件是否能够满足项目的时间节点要求。

从需求的角度来看，平台的功能需要被写下来，并得到适当的维护，以便可以很容易地将其与客户的需求进行比较。将平台功能与客户需求进行比较工作的前提是使用相同的需求管理工具，或者至少使用相同的语言。这里建议采用一个具有可被全球各个地点的相关人员访问的中央数据库。

系统架构师也需要把他所参与的新项目的相关信息，以及平台上所缺少的功能适时进行反馈，以此来保证平台可以不断进化，并适应最新的需求和市场趋势。

2.4.1.3 产品的特定内容

即使是最全面的平台也可能与某些客户的要求有一些差距，所以在新系统中总有一些部分需要从头开发，甚至对某些关键部件进行变更。系统架构团队需要识别这些差距，并为新开发的部分设计开发方案。为了减少风险，通常需要立即开始对新方案的可行性研究。如果这些差距非常小，甚至可以不费吹灰之力就被完成，那么，开发部门只需要提供一个对工作量的评估即可。无论是哪种情况，开发部门都需要对工作量进行评估，并告知项目组潜在的风险以及他们是否有足够的资源可以支持项目开发。

平台的需求可以被分为两个大类：可以由平台组件覆盖的需求和需要新开发的需求，它们必须要被明确区分。为了能够始终掌握项目点全貌，强大的需求管理工具是非常必要的，这个工具至少要具有可以对架构设计进行描述和工作量评估的功能。

2.4.1.4 系统需求

有了这些信息，系统架构师就可以设计出系统架构的初稿。这份初稿中的系统需求一部分来自于客户所提供的具体需求，而另一部分则可能是在设计过程中产生的。这些需求就是接下来所进行详细设计工作的具体要求，也可以被称为前置条件。这些前置条件将成为子系统设计的指导方针及边界条件。为了能够让系统设计有明确的输入物，所有的需求都需要被明确地写下来，并确保上下游对其理解一致。这又是一个不断反复的过程，子系统的架构师需要告诉整个系统的架构师他们是否能满足所有的要求。

2.4.1.5 网络与知识库

系统架构师必须准确了解公司和市场上有哪些产品，为此，他必须建立一个由相关专家和知识库所构成的网络，以便随时掌握最新的信息。这个网络可能包括来自不同部门的技能和经验、具体的处理器路线图和具有详细功能的比较表。系统架构师还需要了解过往产品的历史，以评估实现某些要求所需要的解决方案是否已经存在。基本上，他需要创建一个专家库、一个技术库和一个概念库，以便对各种需求做出快速反应（图2.5）。这是成为一个合格的架构师所需要具备的最关键因素之一。

图 2.5　知识库

对于一个系统架构师而言，如果他是刚刚担任架构师的角色或者进入了一个新的公司，首先需要做的而且最关键的事情是与人交谈，并通过内部网搜索等方式，找到以前产品的演示幻灯片，并创建一个包含所有这些信息的知识库。他还必须与供应商和采购部门进行交流，以确认所有的设计都已经被成功实现。此外，还需要找到那些已经被书面记录的或不成文的技术策略，以及具体的平台设计或可以被重用的东西，并持续完善自己的知识库。

在我整个职业生涯中，我只见过一个人能够严格地遵循这些步骤。他刚进公司就立即开始利用所有他能找到的信息渠道来获取各种信息。于是，在很短的时间内，他就达到了与我相同的技术水平，而我已经在公司工作 10 年了。在某些情况下，他甚至比我有更深入的洞察。虽然他没有在我们公司工作过，但是这却带来了一个好处：他对他发现的所有技术和解决方案都保持非常中立的态度，看待任何事情都没有个人的情绪。不久之后，当我们收到一份重要的询价单时，他能够以主要系统架构师的身份快速投入到架构方案设计工作中，而且不需要很多熟悉项目业务的时间。事后，他的做法获得了很多赞誉。

对于系统架构师而言，如果拥有一个如上所述的网络，他将很容易获得自己所需要的答案，并快速地解决关键问题。

2.4.1.6　供应商管理

此外，系统架构师需要知道市场上有哪些产品和技术可供选择。他应该利用相关供应商所提供的产品或技术路线图，自己建立某类产品或技术的基准数据库。或者，他也可以在公司内提议建立类似的数据库。即使是为了系统架构师自己的利益考虑，他也要确保采购部门所负责的供应商联系方式都是最新且有效的，并确保某些重要产品有合适的备选供应商。供应商之间的竞争往往是有益的，因为任何产品如果只依靠单一来源都会有一定的风险，而多个供应商则可以降低这种风险。

如果系统架构师对整个市场情况非常了解，并且保持着与供应商的联系，那么，他就可以在供应商的帮助下轻松地评估客户的要求。至少对于选择硬件零件来说，一个良好的供应商网络是必不可少的，而且，来自第三方[一]的技术也可能是设计与开发产品时所需要的。有时，在客户同意的情况下，将客户的需求直接转发给供应商往往会大幅度提升效率并降低风险。在某些情况下，客户可能会特别指定使用某些供应商的产品或技术，这也是在进行系统架构设计的时候所必须考虑的。

当所有上述信息都齐备的时候，系统架构师就有足够的数据来充分评估客户的需求，并进一步做出关于系统中每个组件究竟应该开发、购买还是重用的决定。

2.4.1.7 需求管理

需求管理是一门艺术，它始于对管理需求所用工具的正确选择。如果客户要求以特定的格式交付需求，那么这些工具就是由客户决定的。如果客户没有特别的要求，公司内部负责工具的部门一般会提出建议。如果公司决定使用某种工具作为统一的需求管理工具，那么所有项目就必须要保持一致。在这种情况下，无论客户提供什么格式的需求，都需要先被转换为内部标准，从而实现与公司内部需求管理工具的数据交换。

需求管理工具的种类繁多，既可以使用带有统计图表功能的 Excel 等这类简单的工具，也可以是功能齐全的专业工具。专业工具通常比较复杂，例如 IBM 提供的需求工具可以完成捕获需求、建立需求之间的依赖性，以及设计架构等工作。需求管理工具通常能够提供从需求到测试用例的完整的可追溯性，从而提高产品开发过程的质量和管理水平。关于需求管理工具的具体功能，我将在后面的工具章节中进一步介绍。

需求管理意味着在客户和自己的公司之间建立一个关于预期交付的一致理解。如果客户为一个产品创造了数以千计的需求，我们必须确保我们已经捕获、理解并回答了所有的需求，因为大多数情况下，这些需求是决定如何进行报价的最重要输入，而且也是给客户的报价材料中所需要附带的约束性条件的重要部

[一] 第三方是一个常用名词，通常指代一个合同中供应商的次级供应商。在一个合同中，第一方指客户，第二方指一级供应商（Tier 1）。如果次级供应商的技术需要被整合到产品中，并带有特殊的合同后果时，通常需要在客户与一级供应商的合同中进行特别指定或说明。

分。为了管理这些需求，一个能够清晰描述所有关于需求的捕捉、记录、讨论、评审、达成一致和回答等活动流程是非常必要的。整个开发周期内，相关文档需要被持续更新，直到实施完成，并且可以在最终产品中根据需求进行测试。

如果你在互联网搜索引擎中输入"需求工程"，你可能会发现如图2.6所示的一张图片。如果需求工程出错，现实的开发活动中就有可能会发生类似的事情。

图2.6　无需求管理的后果（译者提供）

系统架构师对技术要求的内容负责，在项目开发中起着核心作用。他需要确保架构设计部分被充分理解，且所有的结果都必须在预期之中。总之，系统架构师必须确保以下几点。

- 来自客户的需求被捕获并记录下来。
- 所有人都需要知悉与特定项目相关的所有需求，既包括内部需求也包括其他利益相关者的需求，且所有的需求都需要被写下来。
- 每一个需求都需要被审查、讨论、回答，并被各方充分理解。
- 明确指出已有架构与客户需求上的差距或不同点，并与内部相关人员和客户进行讨论，以找到解决方案。

系统架构师可能不会自己做所有这些事，也不需要对所有这些事负责。然而，为了他的最佳利益，他要确保团队中有一个好的需求工程师来负责这一切活动。

通常情况下，需求工程师的工作主要集中在负责需求管理工具和将需求从客户格式转换为公司内部工具的格式。他不但要能创建统计数据，更要是一个工具和数据库专家。或者，他需要能够回答对需求的疑问，并将需求翻译为内部技术规范。在这个角度上，他也需要是一个技术专家。这取决于项目的复杂性和内部团队的设置理念，很难说哪种做法是唯一正确的。

由于激烈的竞争，在汽车行业的 RFQ 阶段，一切都必须要尽可能快，流程、工具和人员需要立即到位。在后面关于时间安排的一章中所描述的相关流程将帮助您理解这些角色和责任。

让我们假设你从一个客户那里收到了几个 PDF 文件，并附带了报价要求。你们公司内部的标准需求管理工具是 Excel。因此，需求工程师需要立即将所有的东西转换成 Excel 列表，并添加额外的字段来处理每一行的需求条目。于是，你可能会有类似于表 2.1 的东西。

表 2.1　需求表

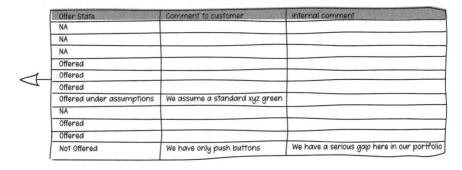

每一个需求条目都有一个标识符（ID），可以被用来快速搜索、跟踪和引用需求。同时，每条需求都有一个文本描述，也许还有一个标题。也许，还可以有一个字段表示需求所属的专业领域，以将文件中的需求条目进行有效的分类，方便多人合作和数据统计。最重要的是，要有一个报价状态。通常，可以将报价状态分为以下四种。

- 已报价（Offered）—— 此处可以附加一些描述，如平台中的设计已经可以满足需求或具备该功能，还是需要开发。除此之外，一般不需要进一步解释。虽然我们关注开发工作量，但是工作量之类的信息不应交付给客户。

- 未报价（Not offered）——此处需要说明为什么会没有报价。你需要在你的文件中设置不同的列，一个来向内部解释，一个向客户提供更为详尽的解释，以说明为什么没有针对这个需求提供报价。
- 根据限制条件报价（Offered under restrictions）——这种状态也需要解释，说明限制条件是什么，以及为什么你不能按照全部要求提供该项的报价。
- 根据假设条件报价（Offered under assumptions）——这也需要解释。这通常是因为某些事实和系统中的依赖关系没有被客户明确写下来或提及。要确保自己所设定的这些假设是清晰的，并且是对客户某些需求的答复。如果这些假设反而使你的整个报价变得缺乏说服力，那么这种假设就是不合适的，此种情况必须要避免。

上述工作与一个人在什么行业并无关系。不论你开发的电子产品的客户是企业（B2B⊖）还是终端用户（B2C⊖），需求都需要被写下来。系统架构师需要做的是评估：在特定情况下，哪些需求可以实现，哪些不能实现。

当一个需求列表中的每条需求都被标记了上述的几种状态之后，我们可以使用蛋糕图（图2.7）来清晰明了地展示表中处于每种状态的需求的百分比。虽然所有这些都是需求工程师的工作，但系统架构师也需要关注它。他需要确保相关人员知晓上述所有的限制和假设条件。

由于 RFQ 的时间往往非常紧迫，人们需要在此过程中跟踪所有参与的部门和专家们的工作进度。因此，从需求文件中创建统计数据不仅对报价活动开展的状态管理有所帮助，也对整个项目工作进度的管理有很大的帮助。通过这些统计数据，我们可以清晰地划分不同专业领域之间的工作，并获取他们所负责的需求数量。通过统计列表中某些字段是否已经填写以及相应的状态，你就可以很容易地知道相关人员和部门是否已经开始工作，或者进展如何。从而评估整个项目的开发状态以及获取各个部门与人员的实际工作

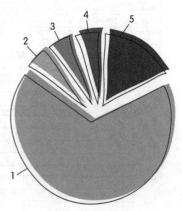

图 2.7　需求统计
1—已报价　2—未报价　3—根据限制条件报价　4—根据假设条件报价
5—待讨论项

⊖ B2B：Business To Business，从企业到企业的商业模式。指产品不是被直接销售给终端用户，而是销售给企业。

⊖ B2C：Business To Customer，从企业到终端客户的商业模式。指产品被直接销售给终端用户。

量。同时，系统架构师还需要为每一类的工作确定一个唯一的联系人，并设计正确的问题升级路径。这样，他就拥有了一个可以跟踪工作进展的正式途径，可以随时跟踪各项工作的状态。

在图 2.8 中，展示了 5 个不同的专业领域以及它们的需求数量，包括工作进展状况。这样的图表可以每天发给公司内部的相关人员，帮助他们跟踪整个 RFQ 的进展。

在系统架构师创建和公布架构基线之前，需求的征询和评估是必须完成的工作。因此，必须要确保所有的需求都得到了处理。架构设计通常要经过几次迭代，但最终必须被固定下来。基线确定之后，开发部门需要据此估计他们的工作；然后，采购部门负责计算硬件和许可证（License）的价格；最后，制造部门据此估计生产的成本。当以上信息都具备之后，销售人员就可以创建他们的商业计划了。

这些例子都是用简单的 Excel 文件实现的。如前所述，还有更复杂、更强大的工具可用。对于复杂度较低的项目和团队都在一个地点的项目来说，Excel 可能就足够应对需求管理的需要了⊖。

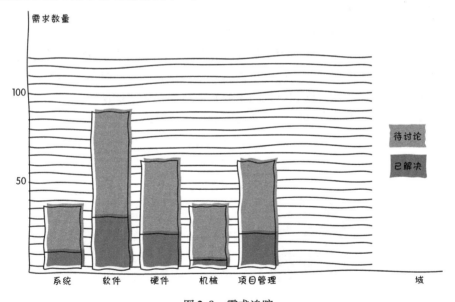

图 2.8　需求追踪

前面所述的工作都集中在公司的内部，对于需求管理而言，更为重要的是客户和供应商之间的书面协议，也就是那些被写下来的东西。通常情况下，客户使

⊖ 未来，你能够在我的网页（www.system-architecture-design.com）上找到更多的信息和 Excel 的示例。请随意下载并使用，密码是：system123。

用自己的方式和语言来描述他的产品的系统、技术和行为。而供应商通常也有他自己的语言对同样的内容进行描述，这些语言很可能是不同的。在对需求进行征询的过程中，关键的一点是要识别这些差异，并找到双方能够接受的共同语言。只有当使用同一种语言和描述方式时，双方才有可能就某个开发内容的细节达成一致。需求管理过程的一个重要产物就是对开发中所有约束条件进行描述的条款。确保所有的内容都被涵盖并被充分理解，是保障双方利益的重要环节。只要还有一些东西没有被清晰地、无歧义地写入条款中，在后续的开发过程中就必然会出现一些意外的争执或错误。

对于一个成熟的公司而言，他们可以依据所在的行业、客户的特点和自身的经验，以及希望在需求的验证管理上投入多少精力来创建一个令人愉快的需求管理流程，其中至少要包括活动的输入和输出、评审、节点的设置和对每一项工作产品的描述等。

2.4.2 团队结构

我们需要一个团队来完成接下来的架构设计工作。系统越复杂，需要的技术专家也就越多。这些专家需要来自各个相关领域，如硬件、软件、总线系统、机械、安全、连接、用户界面和环境等。此外，还需要一个主要的系统架构师，他需要在所有的活动中起主导作用、调配专家团队，并负责推动整个事情的发展。因为复杂的电子系统在大多数情况下都是软硬件结合的，而且所有的东西都在一个外壳里，所以硬件、软件和机械团队通常被认为是核心团队。

图2.9中提供了一个好的组织结构图的例子，其内容如下。

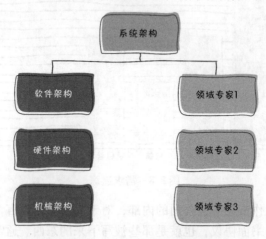

图2.9 架构团队的组织结构图

对于小型系统，可能只有一个系统架构师而不需要一个完整的团队。通常，在大型系统的设计中,至少要有一个由硬件、软件和机械架构师组成的核心团队。

另一个常见的做法是配备一个需求工程师来负责管理客户和内部的需求,一方面,他需要把这些需求翻译成内部术语;另一方面,负责维护相关的流程和工具。于是,系统架构师可以将课题分组,并将其分配给相应的架构师和专家。

为了使这个团队更加完整,指定一个客户接口人也是很必要的。除此之外,团队还有一些其他重要成员,如:项目负责人、控制预算的人、采购部门的人、进行测试和验证的人,以及制造部门的人。为了明确所有团队成员将在哪个时间段中、以何种投入比例(availability,即资源的可用性)投入到项目中,建立团队的人需要创建一个如表2.2所示的团队可用性表格,以便记录此类信息并据此安排相关的工作。而且,他还必须确保他得到所有团队成员对自身可用性的承诺。

表2.2 团队可用性表

功能	EU	NA	CH	CW40	CW41	CW42	CW43	CW44
客户接口	Steve B			×	×	×	×	×
项目经理	Adam C			×	×	×	×	×
设备工程师	Kirk H				×	×		
财务	Kim B						×	×
采购			Claudia G					
制造工程师	Tom M			×	×	×		
系统架构师		Kevin M		×	×	×	×	×
软件架构师		David W						×
硬件架构师		Tom B				×	×	×
机械专家			Tony B			×	×	×
领域专家1			Kevin Z					
领域专家2		Max W						
领域专家3								
测试与确认		Adam H						

总的来说,在RASIC图表或类似的图表中写下角色及其所需要承担的责任是很关键的。这样可以明确每个角色的职责并避免一起工作时可能产生的大多数误解。RASIC的含义解释如下。

- R——负责(Responsible)。对某项任务负责;他是这项活动的领导,需要确保任务会完成。
- A——批准(Approval)。负责批准一项任务的结果或拒绝它们。

- S——支持（Support）。需要在责任人（R）的领导下积极开展任务。
- I——告知（Information）。需要被告知任务的进展和结果。
- C——咨询（Consultancy）。负责提供指导或建议，但不承担具体开发任务。

表 2.3 是一个典型的 RASIC 图表，这种图表能够在一页上显示所有的信息：项目的所有相关角色、负责履行该角色的人的名字，以及谁具有哪种职能（按照 RASIC 区别）。为了使这个表格更加清晰，可以采用不同颜色区分不同的角色。在表 2.3 中，我把每项任务的负责人所在的单元格使用了与其他角色不同的颜色以示区别。

表 2.3 RASIC 图表

姓名		任务1	任务2	任务3	任务4	任务5	任务6	任务7	任务8	任务9
管理者	Anne H	A	I		A		A			
客户接口	Steve B	R	A	C	I	A				
项目经理	Adam C	S	R	C	I	I	I	I	I	I
设备工程师	Kirk H	C	S	R	I			C	C	
财务	Kim B	I	S		C		R			
采购	Claudia G	I	S	I	C	R				
制造工程师	Tom M	I	S		C					
系统架构师	Kevin M	I	S	A	R	C		A	A	A
软件架构师	Chelsea W			S	S	S		R		
硬件架构师	Tom B			S	S	S			R	
机械专家	Tony B			S	S	S				R
领域专家1	Kevin Z			S	S	S		S	S	S
领域专家2	Max W			S	S	S		S	S	S
领域专家3	Anna A			S	S	S		S	S	S
测试与确认	Adam H	I	S							

2.4.2.1 技能和角色

想要找到一个具有理想技能的系统架构师并不容易，他必须是一个至少在硬件和软件细节方面都有丰富知识和经验的人。通常，他还需要成为一个高效的项目负责人或协调人，能够指导团队并保证组织中的工作得以完成。领导团队的经验也是必需的，这有助于保证那些时间紧迫的工作能够按时完成，例如：在RFQ 阶段的活动。最后，系统架构师还需要良好的演讲技巧，因为他通常都是向内部人员和客户介绍整体架构的主力。

大多数情况下，总会有多个部门参与系统架构设计过程，而且他们有不同的观点、不同的优先级排序和不同的战略利益诉求。而且，我们都知道，时间永远不够用。系统架构师在某种程度上处于这一切活动的枢纽地位，需要处理好所有的一切。总而言之，理想的系统架构师既是一个硬件架构师，还是一个软件架构师，还要是一个有经验的团队领导。

对于一个公司而言，培养一个系统架构师的最有效策略是用专门的计划对员工进行培训。比如，将硬件架构师派到软件开发部门进行培训或工作轮换，或者反之亦然。我见过的最好的系统架构师都有 DSP 开发的背景，也许这来自于 DSP 开发在嵌入式世界中的特殊作用。DSP 通常足够小，一个开发人员可以独自负责一个客户项目。因此，他需要自己开发 DSP 应用软件，以及驱动程序、硬件接口、数字硬件设计和与其他处理器的通信协议等。DSP 开发者还需要自己进行调试工作，即使是使用示波器和测量 TDM⊖ 信号或类似接口都会帮助他更好地理解系统架构。因此，他们通常都拥有良好的系统知识和对硬件与软件的深刻理解。

总结一下，系统架构师可能要承担如下的角色和任务。
- 定义和设计系统架构。
- 领导系统架构团队。
- 支持需求分析。
- 进行系统分析和概念创建。
- 对详细的软件和硬件架构进行技术协调。
- 进行性能分析和处理系统资源。
- 主持系统架构设计过程。
- 创建和维护知识库。
- 支持供应商管理。
- 在开发人员、管理层和客户面前进行演示。
- 对最终的架构负责。

在系统架构师领导的团队中，各领域专家的技能组合也必须尽可能好，他们是为系统架构贡献所有必要细节的人。他们要把自己的意见带到由系统架构师所主持的圆桌会议上，从而让系统架构师能够了解到各个领域的细节并做出决策。

2.4.2.2 沟通和工具

在这些复杂的开发环境中，沟通是关键。理想的情况是，所有的团队成员都坐在同一个地方，但在今天这已经变得越来越不现实了。因此，应该尽可能地在前期就澄清团队成员之间的沟通规则和准则。为了能够识别不同工作包或部门之

⊖ TDM 代表 Time Division Multiplex，意为时分复用，是一种电子数据的传输方式，通过三个物理连接来从一个处理器将几个音频通道的数据传输到其他的处理器。

间的接口，我们通常会定义相应的流程，并使用 RASIC 图来定义相应的角色和责任。

有许多工具可以用来记录需求、设计、决策和流程等内容。既可以用简单的 Excel 表格、Word 文档或 Visio 图纸来处理，也可以采用完全集成的解决方案，如 IBM 的 Rational Rhapsody Architect 等。所有的工具都有不同的特点、优势和劣势。例如，我个人总是喜欢用 Visio，因为它提供了充分的图形灵活性。那些集成解决方案的工具所生成的图纸技术性太强，不适合用于向客户介绍。另一方面，使用 Excel、Word 和 Visio 这类工具很难保证从需求到功能和测试结果的自动追踪，无法契合 V 模型。此外，这类工具根本没有自动的代码生成等功能，为此，人们不得不在 Visual Basic 中编写宏来确保实现某些功能的自动化，或者在此基础上使用如 IBM 的 DOORS 等其他工具进行辅助。但在大部分的集成式工具解决方案中却没有这个烦恼，它们通常提供了你可能需要的各种功能，而且具有良好的可扩展性。

基本上，工具需要满足公司在设计质量、可追溯性、可用性和成本等方面的标准。由于有多个部门参与 V 模型的开发，工具需要支持全球范围内的协作。在汽车行业中，为了支持项目的定义和跟踪，人们建立了诸如 Automotive SPICE[⊖] 的过程评估，从而可以在一定程度上提升产品质量和协作效率。我在后面的章节中会专门讨论 Automotive SPICE 和更多的相关流程。

沟通主要通过会议的形式进行，同时，也需要通过电子邮件和文档进行信息的传递。在时间紧迫的情况下，通常需要每天都组织会议，从而可以让所有团队成员都能够分享彼此的最新进展。会议的形式可以是灵活多样的，既可以是 15 分钟的短会（如敏捷开发中的每日站会），也可以是时间更长的会议。我曾见过这样的情况：在 RFQ 阶段，几个专家被关在一个所谓的作战室里好几天，以快速制定一个系统的完整架构方案。

一般来说，每周例会是很有必要的，可以让相关人员在更普遍的基础上定期更新信息和提供讨论的机会。如果有需要，也可以组织内部的或与客户和供应商之间的专题研讨会（Workshop），从而讨论和解决某些特殊的议题。

对于会议而言，将会议的讨论结果进行文档化是非常关键的，尤其是记录会议的决定、结果、签收，以及所有对系统架构有用的信息。特别需要指出的一点是，为了保证需求的可追溯性和质量，必须要制定一个有效的记录流程，所有被讨论过的概念和做出的决定都应该根据预定的检查表由相关的专家进行审查。可以使用诸如 Confluence 和 Jira 等工具以提升效率。

⊖ Automotive SPICE 是汽车电子系统软件过程改进和能力测定标准。SPICE 是 Software Process Improvement and Capabilities Determination 的简写。

通常会使用开口问题列表（Open Issue List）作为追踪所有尚未被关闭的问题的工具。在系统设计阶段，通常会使用很多类似的列表，这些列表通常包含如问题描述（Problem）、问题提出人（Requestor）、负责人（Responsible Person）、提出日期（Entry Date）、预期解决日期（Due Date）等字段。借助 Excel 中的自动化统计功能，我们可以快速地全面了解各项工作的状态和进展情况。

表 2.4 列出了一个单个主题的待办事项清单的例子，这个列表可以很容易地按主题或任务名称进行排序，其中的优先级是重要性和紧迫性相乘的结果。重要性和紧迫性的取值范围可以自己设定，例如：从 1 到 3。在备注/更新字段中，人们可以输入每周发生的事情，以及当前的状态。

表 2.4　开口问题列表

ID	主题	任务	子任务	优先级	重要性	紧急程度	状态	记录与更新	创建时间	到期日	完成日期
01	团队	Team Meeting	Find time slot	2	2		0%	15-Jul：discussed with team	14-Jul	21-Jul	
02	项目XYZ	Create Spec	Page 13	6	3	2	50%	7-Jul：alignment happened	1-Jul	1-Aug	
03	顾客	Customer B	Escalation	9	3	3	20%	16-Jul：top management attention	14-Jul	1-Aug	
04	设备	Buying xyz	Pricelist					5-Jul：price list from supplier	30-Jun	25-Jul	
05	预算	Negotiate xy	xyz	1		1			22-Jun	1-Aug	
06	预算	Buy xy	abc	1	1		10%		15-May	15-Aug	
07	团队	X-Mas Party	Find time				0%	15-Jun：boss asked me to organize	15-Jun	28-Nov	
08	项目abc	Create Spec	xyz	2		2			1-Jul	1-Sep	
09	团队	Review Perf	Name	2		2	0%	30-Jun：due date end of August	29-Jun	15-Aug	
10	顾客	Customer A	Spec review	1		1		3-Jul：got the spec	3-Jul	22-Jul	23-Jul

在整个系统架构设计的过程中，另一个需要澄清的重要话题是对公司内问题

升级路径的定义。如果出现系统架构师无法独立解决的关键问题，他需要知道该和谁谈。这些问题的来源可能是因为成本的影响被低估了，或是因为缺少专家团队，又或者是因为开发工作量被低估了等。在任何情况下，创造透明度并及时将信息传递给项目负责人都是极其重要的。

在系统设计过程中，系统架构师必须随时对所有的技术方面都有一个总的了解，而项目经理则要确保所有的部门在合理的期限内一起完成工作任务。

2.4.3 产品生命周期

时间，始终都是最关键的因素。对流程进行仔细研究并优化的努力总是值得的，唯有这样，才能在下一次需要设计新系统时有更好的准备。现在，我们开始讨论最有趣的问题：平台开发。让我们假设你已经开发了大部分的系统组件，而客户却要求开发下一代产品。如果我们只提供自己已经拥有的东西，那么就可以节省大量的时间。这里的关键是需要有一个同时包括关键组件和参考系统的合适平台。我们将在后面再回到这个问题上进行详细讨论。

在下面的章节中，我将研究 B2B 场景下产品开发的不同阶段，即一家公司希望将开发出的部件交付给另一家公司，作为其最终产品中的一个部件。同样的过程也适用于 B2C 场景，只是涉及的角色略有不同。在 B2B 场景中的客户可能是 B2C 场景中的战略或产品管理部门。不管是外部客户还是内部的战略部门，他们都是对新产品提出要求的人。从产品生命周期的角度而言，他们的角色和地位都是类似的。

2.4.3.1 前期开发

通往 CEO 办公室的道路是不应该穿过 CFO 办公室的，也不应该穿过市场部门，而是要穿过工程和设计部门。

The path to the CEO's office should not be through the CFO's office, and it should not be through the marketing department. It needs to be through engineering and design.

——埃隆·马斯克（*Elon Musk*）
特斯拉公司首席执行官兼联合创始人。

任何一家销售电子产品的公司都希望保持竞争力和持续创新，并能够将市场引向对公司有利的战略方向。因此，他们需要在技术发展上持续投资，这种活动通常被称为研究与开发（Research & Development，R&D）。如果公司的技术战略是正确的，那么他就可能会说服客户在他们的下一代产品中使用该公司最新和最伟大的技术，或者公司在其产品目录中就已经有符合客户最新要求的东西。

想要实现上述目标,其关键是要有一个适当的流程来产生正确的决定——选择开发什么和不开发什么。就上市时间而言,最好是能够在别人开始考虑之前就已经完成产品的开发。对于"完成"的定义取决于详细的战略。比较好的策略通常是准备好原型以证明其可行性,并让人们了解这项技术,但直到收到客户的订单才进行真正的投资来完善并产品化。一般来说,纯粹的研发支出数额说明不了什么问题,问题的关键是如何花钱,如何有一个适当的创新流程,这个流程可以指导如何进行发明、如何为客户创造价值,以及如何设计成功的商业模式。

对于系统架构师来说,重要的是他必须要明确了解所有这些活动,并能在系统设计过程中获得所有的细节。例如,当他想整合一项技术,就应该能够立即找到所有满足系统需求的资源。此外,他还需要知道,如果只有一个产品的原型,那么其背后会有什么风险。而且,他需要详细地了解公司的创新路线图,以便决定将哪些技术在后续项目上进行应用。

平台开发是整个产品开发过程的一部分,也是一个额外的策略。它需要根据内部标准进行预先开发,并将所开发的平台整合到被明确定义的软件框架中。有了这个策略,就可以保证即使技术没有完全定型和验证,它也会在参考环境中运行。

2.4.3.2 RFI 和 RFQ

在汽车工业中,汽车制造商在设计下一个产品之前,通常会向供应商索取相关信息。然后,当他们有了明确的想法时,他们会要求对具体产品进行报价。此时,关于某个产品的所有需求都会被创造出来并交给供应商。

通过有效的客户管理,当这样的信息要求(Request For Information,RFI)进来时,公司就不会太惊讶。因为如果公司的预先开发是非常成功的,并清楚地传达给了外部客户,那么客户就可能会非常迫切地希望在他们的下一个产品中使用这些技术。但是,当公司看到汽车制造商的 RFI 中并没有包含多少自己已经开发好的东西,RFI 就会变成一个彻底的惊讶。基本上,同样的情况也适用于后来的 RFQ。

根据我的经验,汽车行业的 RFI 和 RFQ 阶段总是时间紧迫的。因此,投入精力为如何处理 RFI 和 RFQ 创建一个适当的流程是极其必要的。图 2.10 是一个如何处理 RFQ 的例子。这里主要关注的是系统架构,但图中也显示了 RFQ 流程涉及的其他部门。

可以看到,在该图中,当公司的客户接口收到 RFQ 时,这个部门立即指派了一个项目经理来推动整个过程,并成立了一个团队。需求文件被移交给需求工程师,他仔细研究这些文件后决定哪些部门或专家需要参与。这些需求文件被立即交给系统架构师,系统架构师需要从技术角度研究这些文件并决定哪些技术专家是必须要参与的。例如,如果产品中需要整合云连接功能,并且需求非常特殊，那么就需要这方面的专家，因此可能需要一个特殊的部门参与其中。在此过程中，需求工程师需要确保需求过程，而系统架构师则与专家团队负责一起设计一个初步的系统架构。

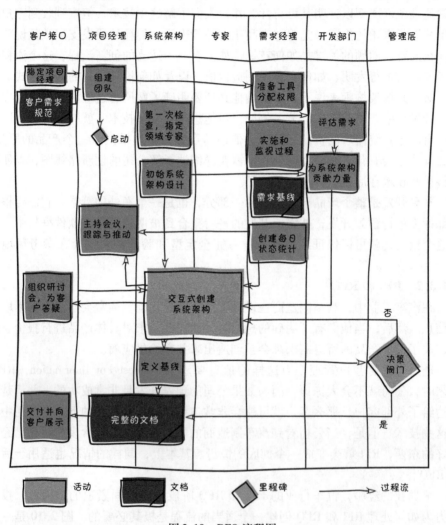

图 2.10 RFQ 流程图

专家们评估详细的需求后要向系统架构团队报告。因此，他们必须评估硬件、软件、机械、组件和技术之间的每一个依赖关系。这是一个不断迭代的过程，其目的是生成最终的系统架构基线，以用于各种工作量的估计和价格的计算。

采购部门负责管理供应商的价格，而销售部门则负责决定最终产品的价格。在整个流程中，系统架构始终是向客户提供整个服务的核心要素。如果系统架构从一开始就能被所有人都清晰地理解，那么项目的计划和投资等就可以被准确地评估，从而可以避免在后期开发阶段出现重大的意外。

2.4.3.3 产品开发

当 RFQ 阶段结束之后，如果公司如愿以偿地赢得了客户的项目，那么就要开始诸多具体的设计开发工作了。在 B2C 环境中，此阶段首先要开展的工作是产品定义和系统架构设计。无论是 B2B 还是 B2C 环境，此时最重要的是构建一个系统架构基线，以便非常清楚地了解各种变化。这些变化既可能来自开发过程中客户要求的变化，也可能来自内部发现的问题和需求的必要变化。不论如何，对于这两种变化都必须要通过明确的文件进行记录。唯有如此，才能持续跟踪成本的变化，并进而根据预先制定的商业策划方案对整个项目进行检讨。

一般而言，在获得项目定点之后，要启动硬件和软件架构的详细设计工作。系统架构师要负责主持这项活动，并确保所有的系统需求和边界条件都能得到满足。他需要与核心团队至少每周开一次会讨论各种开放性议题，还需要邀请领域专家为他们各自所负责的子领域制定架构，并确保所有的子领域架构都符合整个系统架构的要求。

此外，如果客户希望讨论架构相关的主题和某些具体的问题，系统架构师要成为客户在技术方面的主要联系人。系统架构师还要负责邀请相关人员参加技术研讨会，并与项目经理一起主持这些研讨会。他需要清晰地知道整个项目的各个里程碑和样件交付的阶段，以便与他的工作输出物的计划保持一致。

系统架构师也要对需求管理的工具链负责，并保证所有需求在全项目阶段和全领域的可追溯性，即：能够将每一条需求都追溯到架构元素，继而追溯到实际实现和最终测试。系统架构核心团队所创建的概念和架构设计需要被传递给开发者团队来实施，他们是系统开发、系统验证的责任人。即使到了最后的生产阶段，他们还是需要负责很多东西。

2.4.3.4 维护阶段

在产品进入量产阶段（Start Of Production，SOP）之后，系统架构团队的工作就告一段落了。此时，他们可以仔细检查这个项目中的各种文档记录，确保所有相关的概念都被记录下来，并且是最新的。这样做的目的是为了确保这个项目中的所有相关设计在未来的项目中可以被重用。另外，如果产品在使用过程中出现了严重的问题，系统架构师也需要提供支持。一般而言，在 SOP 之后，整个架构团队就可以专注于下一个项目了。

组织一次经验教训交流会来复盘整个项目的执行情况也是非常必要的，相关人员可以一起共同讨论一下项目中哪些地方可以被优化，无论是技术方面还是管理方面，总有一些东西可以被提升。尤其是在汽车行业，客户在一段时间后就可能要求将该产品进行改动，以适应他们的改款产品的要求。这种改动总是需要或多或少的工作量，但也取决于是否能够为此做出有效的准备。我曾见过的最大改动是要求使用全新硬件和软件的全新系统。一般来说，大多数时候都是硬件或软件方面的较小变动。

2.4.3.5 产品退役

在此阶段，系统架构师在此项目的工作已经全部结束。因为产品的生产已经停止了，为客户的供货也停止了。此时，唯一有意义的事情是储存一些旧的部件，以便在多年后还能维修相关的产品。这里的"多年"取决于客户的要求，请想象一下，当一辆使用了15年的汽车需要维修导航系统时的情形，如果汽车制造商无法提供相应的配件，客户将会是多么的愤怒。因此，汽车制造商通常会要求供应商提供可满足一定年限售后维修需要的备件。

图2.11总结了项目的各个开发阶段，并列出了系统架构师需要考虑的一些要点。

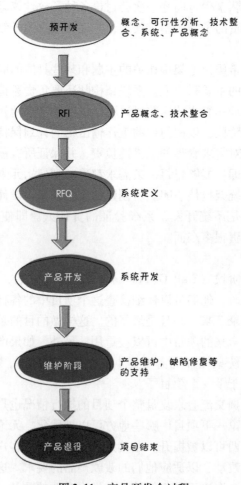

图 2.11 产品开发全过程

2.4.4 工作量估算

首先完成的90%的代码花费了整个开发时间中的第一个90%的时间,而剩余的10%的代码则会花费整个开发时间中的另一个90%的时间。⊖

The first 90 percent of the code accounts for the first 90 percent of the development time. The remaining 10 percent of the code accounts for the other 90 percent of the development time.

——汤姆·卡吉尔

贝尔实验室

在汽车行业的传统报价过程中,客户总是期望供应商能够为其产品给出一个具体的价格。对于供应商而言,他们需要在评估成千上万条需求之后计算产品的完整开发成本,以提出一个适当的价格和商业合作模式。在汽车电子产品的开发成本中,开发过程中投入的人工成本与工作量有着直接的关系,而且通常在总开发成本中占有很大的比例。因此,在报价阶段对工作量的估算结果对整个开发成本的计算起着至关重要的影响,不同的估算结果可以令报价产生相当大的差异。

因此,对赢得项目之后可能产生的工作量进行准确的估算,就成为RFQ阶段需要完成的重要工作输出物之一。为此,整体的系统架构需要首先被固定下来,系统架构师要定义一个架构的基线,以供所有相关的开发部门来估算他们的开发工作量。有了这些数字,财务部门就可以计算出整个项目的财务数据,以此来平衡投入的工作量与未来可能的收入。对工作量的估算越准确,项目的商务数据的计算就越可靠。

如果采用敏捷开发的模式,而且客户和供应商之间有足够的信任关系,他们有可能采用一种特别的方式,即:供应商为该项目每个时间段投入固定数目的工程师,以便让这些工程师能够在该时间段内尽可能多地开发。这种情况适用于客户对他想要的东西有大致的了解,但具体的产品需求无法完全在签订合同的时候就完全确定下来。此种情况下,供应商对工作量的估计就可以稍不必那么精准,因为基于双方互信,这种情况至少不会导致重大的财务风险。关于敏捷开发的更多细节将在本书的最后提供。

工作量估算本身也是一门艺术。因为工作量最终会反映在产品的净成本中,

⊖ 在一个项目的软件代码开发过程中,最后的10%的代码的开发时间往往可以占到整个项目时间的一半。这是因为,越到项目的后期,将前期完成的代码进行集成和解决问题的工作量就越大,难度也越高。——译者注

所以绝对值得为其建立一个可以被持续优化的适当流程。

关于工作量估算，有几个相关的概念和工具如下。
- 尽可能详细地捕捉正在运行的和以前开发的产品的开发工作，并利用它们与新产品进行比较（历史信息）。
- 定义和捕捉组件和产品的复杂程度，作为讨论时的进一步估计输入。
- 将系统架构分解成小块，可以作为工作分解结构（Work Breakdown Structure）的基线。这样可以对整个开发任务有一个很好的概览，并可用于自下而上的规划。
- 让专家们估算开发工作量的最小值和最大值，并让他们通过小组讨论来完善这些值，或者至少让几个人估算相同的开发任务，并将其比较并讨论差异点，然后再次估算后取平均值。
- 估算具体的人周⊖适用于团队有足够的经验和历史数据，或者开发任务很容易估算。在更复杂的情况下，使用敏捷的方法可能更好，如 T-shirt 尺寸和计划扑克（请在书末的敏捷开发章节中找到更多解释）。
- 与以前的产品进行比较，产生一个自上而下的估算，然后与自己自下而上的方法进行比较，讨论其中的差异。在最好的情况下，这两个数字是相同的。在最坏的情况下，它们之间的差异会非常大，因此需要多次讨论才能结束。但无论如何这种方式都是好的，因为数字会被更好地理解，并在之后被不断地完善。

进行这种类型的估算所需的努力取决于系统架构设计中所能达到的详细程度。而系统架构设计的详细程度又取决于留给系统架构设计的时间究竟有多少，如果时间很短，那么就应该在事前对详细的程度加以明确。

很明显，一个强大的平台可以减少开发工作量。我们应该尽可能多地重用现有平台上的东西，确定差异、适应性和配置，并在此基础上进行工作量的估算。

如果公司赢得了项目，工作量估算也完成了，那么开发部门应确保他们坚持自己的计划。从架构的角度来看，所有的变化或非预期的情况都必须由系统架构师和他的团队来跟踪。系统架构师需要确保所有的变化都与相关方沟通过，并据此产生新的工作量估算。新的估算结果需要被交给商务部门，以便他们能够评估变化对成本的影响并做出相应的反应。

2.4.5 项目管理

项目管理是一个巨大的话题，并不真正属于本书的范围。然而，我想在这里提到的是一个特殊的项目管理设置，它可以对汽车行业 RFQ 阶段的工作有所帮助。

⊖ 一个工程师工作一周的工作量为 1 人周，人周通常作为开发工作量的统计单位。——译者注

2.4.6 任务组

任务组对于及时答复 RFQ 以及改善状况不佳的项目很有用。如果有必要，每个项目、子项目或子任务都可以使用任务组的形式来运作。

任务组是在最短的时间内解决某个问题的一种临时解决方案。它将最好的可用人员组合在一起，其运作不受各自成员的原来所属组织、所参与的其他项目或其他组织的影响。因此，任务组与常规项目管理最主要的区别是团队的设置。为了保证任务组中每名成员能够专注于任务组的目标，组织必须确保任务组中成员原来所参与的其他活动可以暂停，或者他们所承担的关键角色可以被其他人代替，这些措施的目的都是为了保证可以为特别工作组腾出必要的专家。

任务组的管理与常规的项目管理并没有太大区别。为了做好准备，人们需要做好以下工作。

- 现状分析、目标定义和风险分析。
- 高层级规划、项目设置和详细计划。
- 合同和启动。

这里与常规的项目管理不同的特殊部分是项目设置。人们应该创建理想的团队，绘制组织结构图，并创建一个可获得性的表格（在团队结构部分的表 2.2 中介绍）。在这里，最重要的是要获得专家和部门经理对人员和时间的认同。

在执行阶段启动后，人们要确保以下几点。

- 详细规划的完善。
- 任务分配和进度跟踪。
- 项目控制。
- 风险管理。
- 文件、交流和报告。

需要特别关注的是风险管理。为了避免项目中的某些事情出现严重的错误，我们通常会设置一个特别工作组。他们负责确定项目中所出现的错误的根本原因，从而努力避免公司踏入同样的陷阱。正如项目管理中所常见的，这些错误可能涉及成本、时间或质量。在工作量估算方面也可能会出很多问题，如果范围或架构不明确，就会导致工作量估算出现错误。一切的基础始终都是系统架构。因此，让我们在电子系统开发的任务组的项目管理中非常明确地加入以下部分的内容。

准备阶段：

- 现状分析、目标定义和风险分析。
- 重新获取需求，并开展需求管理。
- **系统架构的高层级设计。**

- 高层级规划、项目设置和详细计划。
- 合同和启动。

执行阶段：
- 完善详细计划。
- 任务分配和进度跟踪。
- 项目控制，**系统架构的详细设计，以及不断完善**。
- 风险管理。
- 文件、交流和报告。

合同规定了完成任务组活动所需的各项必要条件。我们必须确保这些条件是可衡量的，并且是明确定义的，以防任务组的活动成为一个无休止的故事。在执行阶段结束之后便步入收尾阶段：
- 最终报告和系统架构规范。
- 迁移计划。
- 根据合同进行最终检查和验收。
- 交接。

这三个阶段是描述项目计划的一个总结性方法。在相关文献中，你通常会发现项目管理的四个或五个阶段的描述，如启动、规划、执行、监控和结束。

在我的职业生涯中，我见过各种各样的任务组。有些确实很成功，比如某一个 RFQ 阶段活动的管理就很出色。那些没有得到明确的定义或支持的任务组则最终成为无休止的故事。这样带来的问题是，管理层的期望没有得到满足，工程师们也变得很沮丧。任务组可能会在短期内解决一些问题，但从长期来看是没有帮助的。

2.4.7 流程

系统架构设计与流程有很大关系。根据不同的行业，必须符合几个标准，例如汽车行业的 Automotive SPICE。对于某些客户甚至是政府来讲，有时必须要满足某些流程的要求。在下面的小节中，我简要介绍了一些流程，以提供一个概览。

2.4.7.1 系统工程 ISO/IEC 15288

ISO 组织成立于 20 世纪 40 年代，在全球范围内创建并推广专利、工业和商业的标准。ISO 是希腊语 isos 的缩写，意思是平等。

IEC 是国际电工委员会（International Electrotechnical Commission）的缩写。该组织比 ISO 早成立 40 年，专注于电工主题。ISO 和 IEC 在一些标准方面紧密合作。ISO/IEC 15288 起源于 20 世纪 70 年代的军事标准，于 2002 年首次发布，迄今已更新至 2015 版。ISO/IEC 15288 定义了一系列的流程，主要描述了一个人工建立的系统的从头到尾的生命周期，共分为技术（technical）、项目（project）、协议（agreement）和企业（enterprise）四个部分。每个部分都按照目的、活动和结果的框架进行定义。

协议部分定义了系统的获取[①]（acquisition）和供应（supply）的流程；企业部分涵盖了资源管理（resource management）和基础设施（infrastructure）的流程；项目部分是关于项目管理（project management）的；最后，技术部分描述了从需求开始到产品退役的系统开发流程，也是此处我们所主要关注的。

2.4.7.2 CMMI

CMMI 是指能力成熟度模型集成（Capability Maturity Model Integration）。CMMI并不是一个标准，而是一个工具，用于评估和批准一个组织内部的流程内容和质量。它提供了一套最佳实践工具，通过使用它对流程进行评估，能够对其成熟度和能力进行评级。

能力等级分为不完整（incomplete）、已执行（performed）、已管理（managed）和已定义（defined）4级。而成熟度等级包括初始（initial）、已管理（managed）、已定义（defined）、定量管理（quantitatively managed）和优化（optimized）5级。

Automotive SPICE 是 CMMI 这种评估工具在汽车领域应用的一个非常好的范例，我们将在下一节做更详细的介绍。

2.4.7.3 Automotive SPICE

如上所述，SPICE 是一个用于评估公司流程的国际标准。它以 ISO/IEC 15504 为基础，描述了一个流程评估模型。ASPICE 是针对汽车行业的特殊衍生产品。该领域的系统架构设计是工程（engineering）流程的一部分，也是我们所主要关注。其他的部分，如管理（management）、供应（supply）、获取（acquisition）等将不再讨论。

在我看来，这个过程评价的定义非常清楚，也适用于其他行业和一般的电子产品开发。出于这个原因，我想更详细地介绍一下。图 2.12 显示了汽车 SPICE 所涵盖的所有主题。

如图 2.12 所示，工程过程被分为 11 个不同的主题。

- SYS.1：需求征询（Requirements Elicitation）。
- SYS.2：系统需求分析（System Requirements Analysis）。
- SYS.3：系统架构设计（System Architectural Design）。
- SWE.1：软件需求分析（Software Requirements Analysis）。
- SWE.2：软件架构设计（Software Architectural Design）。

[①] 通常指为供应商为赢得项目而采取的各种行动的总和。——译者注

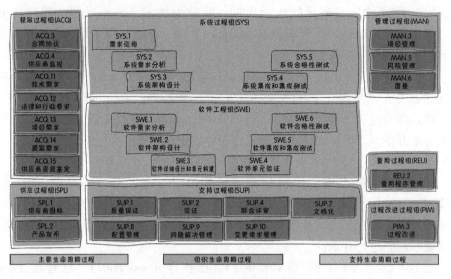

图 2.12　Automotive SPICE 过程组（摘自文献 [5]）

- SWE.3：软件详细设计和单元构建（Software Detailed Design and Unit Construction）。
- SWE.4：软件单元验证（Software Unit Verification）。
- SWE.5：软件集成和集成测试（Software Integration and Integration Test）。
- SWE.6：软件合格性测试（Software Qualification Test）。
- SYS.4：系统集成和集成测试（System Integration and Integration Test）。
- SYS.5：系统合格性测试（System Qualification Test）。

一旦 SYS.1 完成后，其他过程将完全遵循 V 模型。这意味着左手边的每一个元素在右手边都有对应的元素。在实践中，这意味着每一个系统需求都有其相应的合格性测试，或者每一个软件单元模块都有其相应的单元验证。这对可追溯性和一致性至关重要。此过程确保每一个需求都可以在系统、软件和所有相应的测试中被追踪到。最后，达成一致和沟通是至关重要的。SPICE 的最佳实践也确保了所有的决策都可以被评审、达成一致和得到沟通。

这里缺少的是对硬件和机械开发流程的明确提及，但它们所对应的流程可以被视为 SPICE 的插件（图 2.13）。

此处，我将只关注 SYS.3：系统架构设计。这是本书的主题，也是此处的主要焦点。因此，让我们假设 SYS.1 已经完成，需求征询已经全部完成。这意味着与客户或利益相关者的沟通已经建立，需求已经被交付、理解和同意，而且需求基线已被创建，所有的变更都已处于管控之下。另外，所有可以展示沟通、审查、分析、变化、风险管理和缓解措施等的相关文件，以及需求本身都是完备的。

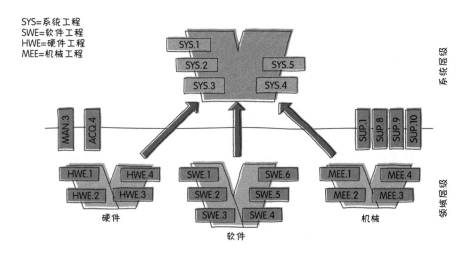

图 2.13　ASPICE：附加主题和插件概念

我们还需要假设第二步 SYS.2 已经完成，且系统需求已经明确。这将意味着所有的需求都已经被定义、结构化和分析过。而且相关的影响也已被分析，系统测试的验证标准也已经被定义。此外，需求的可追溯性和一致性已经被证明是合格的，所有的一切都被传达给各个相关部门。最后，再次强调一下，所有可以展示前序过程中的沟通、审查、变更和分析过程的各种记录必须是完备的，且需求的可追溯性要求也必须完全满足。此外，所有的接口规范和系统需求规范也必须是可用的。

SYS.1 和 SYS.2 部分完成之后的结果就是系统的需求已经被明确展现了，这些需求是 SYS.3 中系统架构设计的主要输入。

SYS.3 的主要部分是过程结果、基础实践和工作产品。结果如下。

- 系统架构设计被定义，确定了系统的每一个元素。
- 所有的系统需求都有相应的系统元素。
- 每个系统元素的接口被定义。
- 每个系统元素的动态行为被定义。
- 系统需求和系统架构设计之间实现了一致性和可追溯性。
- 整个系统架构设计被同意并传达给所有相关部门和各方。

基础实践涵盖了诸如以下的内容。

- 需求、开发、接口和动态行为。
- 备选解决方案的评估。
- 可追溯性、一致性和沟通。

工作产品如下。

- 系统架构设计。
- 沟通、审查和可追溯性等的记录。
- 接口需求规范。

所有这些听起来都很合理。如果一个人想开发一个高质量的系统，上面的所有要点或多或少都是常识。现在，SPICE 的最重要部分是过程评估，也就是你如何确保所有这些要点都被涵盖并确定你的流程质量。

ASPICE 将流程质量区分为 6 个等级。

- 第 0 级：不完整的流程（Incomplete Process）。流程没有被建立，没有可见的系统方法。
- 第 1 级：已执行的流程（Performed Process）。一个流程已经被建立，基本做法已经执行，工作产品显示了这些基本做法和流程输出的结果。人们按照该流程被分配了工作。
- 第 2 级：受管理的流程（Managed Process）。流程本身是受管理的。这意味着该流程的明确目标被定义，所有的工作都是被计划安排好的，流程是可以被调整的。按照流程工作的人员被定义、指定了具体的工作任务，而且受到了相应的培训，他们在流程中的角色也已经被告知过。与所有相关部门的接口也被定义。最后，工作产品被相应的需求、文件和评审等清楚地定义，包括如何在必要时进行可能的调整。
- 第 3 级：已确立的流程（Established Process）。流程在公司内是标准化的，包含了流程图、指南、角色和责任描述、方法和度量措施描述等。如何进行流程的裁剪也已经被定义并写下来。人力资源已经经过了培训、分配，并且可用。不断地进行数据收集，以验证流程的有效性，从而促使其能够持续改进。
- 第 4 级：可预测的流程（Predictable Process）。流程的运作是可预测的。工作产品可以在规定的范围内（如：限定的时间和资源等）实现，并与量化的业务目标相一致。
- 第 5 级：持续创新的流程（Innovating Process）。流程在被不断地改进，包括对流程创新的机会，这些机会被识别和评估，并且实施策略被落实到位。

如上所述，SPICE 对具体的工作内容并没有那么多要求。它并不描述哪些类型的图表是重要的，哪些是不重要的。它描述的是实际执行中的流程的质量。你有对图表的需求吗？它的创建是否清晰？它是否被写下来，并与相关方达成了一致？它是作为一个标准流程建立的吗？你是否与量化的业务目标建立了联系？最后，你是否在不断寻找关于图表的创新想法？这些问题虽略有简化，但或多或少体现了 SPICE 的想法。更多的细节，请看 Hoermann、Mueller、Dittmann 和 Zimmer 的 *Automotive SPICE in Practice* 一书[6]。

2.4.7.4 医疗设备 – ISO 13485

如果我们考察医疗设备行业，也会发现开发此类设备的系统架构师必须遵循的特定流程和规定。ISO 13485 是其中一个关于医疗设备的设计、制造和推广的要求。它是实现医疗设备开发中适当的质量管理系统的主要 ISO 标准。对于医疗设备而言，认证通常起着重要作用。

FDA[⊖]是一个围绕着在美国生产的医疗设备制定流程和法规的组织。FDA 在药品监管方面有一定的历史，同时也是各种电子医疗设备的主要管理机构。对于英国和欧盟市场相应组织是 MHRA[⊖]，它为医疗设备提供指导和注册。ISO 13485 是所有这些活动的基础。

2.4.7.5 功能安全 – IEC 61508

IEC 61508 标准涵盖了电子设备中功能安全的各个方面。同一个国际标准有不同的实施，例如，核电站、火车技术、航空业，以及我们所特别关注的汽车行业。适用于道路车辆的标准是 ISO 26262。

一般来说，安全相关的主题被划分为不同的安全完整性等级（Safety Integrity Level，SIL）。对于汽车行业，相当于 ASIL（Automotive SIL）。这些级别描述了安全问题发生的可能性与后果，可以分为从灾难性到可忽略的四个 SIL 级别。

IEC 61508 标准给系统架构师带来了额外的工作。安全相关的要求必须被纳入系统的开发需求之中，如更严格的开发过程、冗余、更高的质量或更低的电子部件故障率等。可以想象一下，对于核电站的设计与开发而言，必然需要比消费类电子设备更严格的开发流程、故障检测措施和风险缓解措施等。

2.4.7.6 军事

军事工业也有针对电子设备制造的标准，如美国的 MIL STD 和英国的 DEF Stan 等。军事标准有时是 ISO 标准的来源，如前面所提到的 ISO/IEC 15288。

现在，关于流程的问题已经足够了。对于系统架构师来说，重要的是他要知道自己在哪个行业工作，有哪些类型的流程和法规是可用的，这些流程或法规可能是很有价值的，它们通常提供了最佳实践供参考，或者它们可能是必须遵循的。而且，获得某些认证是最终向市场推出电子产品所必需的工作。

⊖ FDA, Food and Drug Administration in the United States, 美国食品药品监督管理局。

⊖ MHRA, Medicines & Healthcare products Regulatory Agency in the United Kingdom, 英国药品和保健产品监管局。

2.5 执行

如果你认为好的架构很昂贵，那么请试一下坏的架构设计。
If you think good architecture is expensive, try bad architecture.
——Brian Foote & Joseph Yoder 计算机科学家
摘自文章 *Big Ball of Mud*，1999

2.5.1 系统架构

现在，所有为系统架构设计所准备的主题都已经涵盖了，让我们来看看系统架构设计过程的细节。请注意，人们很可能在系统架构设计的过程中兜圈子，从而让系统架构设计变成了一个通常要经过几次反复的过程。对于系统架构师来说，最重要的事情是根据所有的相关事实来决定某些事情，并分析所有来自未知部分的风险。

图2.14展示了一个复杂的电子系统设计时通常需要的工作过程。

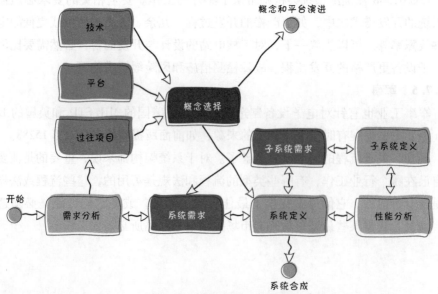

图2.14　系统架构工作流程

如图2.14所示，一切工作都始于需求分析。基于对以前项目或平台的认知，人们可以依据自己所获得的内容或技术来创建或选择一个系统的设计概念。将这个系统设计概念与系统需求相结合，系统定义就创建完成了。

在系统定义创建之后,我们需要对系统进行性能分析,看看系统中的每个元素是否都能够满足要求。此时就可能出现系统设计的第一个循环,因为如果系统性能不够好,就必须经过持续迭代,直到满足要求为止。同时,专家们需要开始分析并创建各个子系统的需求,而且,还要对子系统进行系统定义和性能分析。这两项活动可能会再次对整个系统的设计产生影响,进而产生了对系统的更进一步的要求,从而使你又回到了原点,本次大循环被关闭。

系统设计概念的选择会导致系统设计概念和平台的演进,而系统定义则会导致系统的整合或系统架构的变化。为了完成系统设计概念选择和系统定义的工作,我通常使用两种不同的视角来讨论系统设计概念,称它们为"由外向内"和"由内向外"。

2.5.1.1 由外向内

这是指从待设计设备外部的视角来看待系统。让我们回顾一下关于房子的那个例子。想象一下,你正站在房子前面,从外面看它。地面是什么样子的?房子是什么颜色的?尺寸是多少?是否有任何花哨的建筑元素,如阳台?水和电是怎么进来和出去的?该地区的天气状况如何?

在电子系统中,我们主要处理的是尺寸、与其他组件的接口,如连接器和天线,以及来自环境的要求。例如,环境温度是汽车工业非常关键的一个需求。在这种视角下,人们把设备看作是一个黑盒子,可以画一个拓扑图。如图 2.15 中的例子所示。

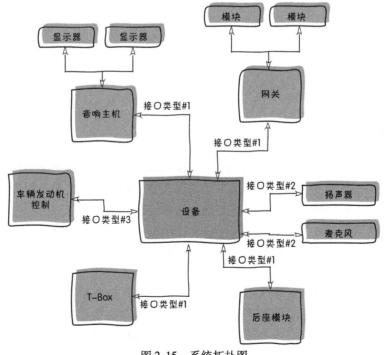

图 2.15 系统拓扑图

在这个拓扑图中，位于中心位置的设备是我们需要去设计的产品。所有其他的组件都不在报价或开发的范围内，但它们对接口能否正确设计非常重要。因此，我们需要知道这些外部组件的接口是什么，有哪些数据要通过它们，时序是什么？以及需要多少带宽。需要哪些软件组件来启用这些接口，需要什么驱动来支持它们？哪些协议是必要的？除此之外，对系统的尺寸、温度范围和质量等可能还有其他要求。

2.5.1.2 由内向外

这是指从待设计产品的内部来看待系统。我们可能会收到多个功能的需求，这些功能都需要在这个产品上实现。例如，一个导航应用需要在产品上运行，一个人脸跟踪算法需要在产品中计算，或者一个语音助手既需要能离线运行，也需要能够在线连接到云服务。所有这些功能至少都需要相应的系统资源能够支持，如 CPU 功率和内存等。其他的一些功能则可能需要总线接口的带宽或图形处理单元（GPU）的计算能力达到一定水平之上。将所有这些功能加起来并创建用例，就可以获得一个关于系统资源需求的清晰的全景图，并确定了这些资源需求是否是并行的。这些信息对于系统架构做出关于系统究竟需要多少资源的决定是非常基础的，例如：CPU 功率、内存大小和各条总线的带宽等（表 2.5）。

表 2.5 功能和对应的资源需求

应用	MIPS	MEM	DMA	GPU
导航	1500	2GB	ch1-4	1000
音频管理	200	3MB	—	—
免提应用	300	15MB	ch5-6	—
语音助手	800	9MB	—	—
人脸识别	1200	300MB	ch7	200
多媒体引擎	700	200MB	ch8-10	600

让我们再次回到关于房子的例子中，由内向外的观点既取决于不同房间的要求，也取决于墙壁和其他具体事物的结构和构造。假设有一定数量的人住在房子里，那么就必然对特定的房间有特定的尺寸的要求。例如，对厨房、浴室和客厅等这类标准设施提出一定的尺寸要求和对水电的要求等。于是，我们必须规划和安装暖气、水和电等，并确保供暖系统有足够的功率来加热整个房子，这些都是整个系统的组成部分。

回到我们的电子设备上，我们想知道这个待设计的产品需要满足什么样的行业标准，这些标准是否会影响系统架构？客户是否期望在系统资源上要留有余量并满足某些限制？例如，有些客户规定，最终产品的 CPU 资源要有 30% 的自由余量，以便能够为未来的更新留出空间，这些当然必须也在系统架构设计中加以考虑。

作为一个系统架构师，我们应该尽可能多地写下所有这些功能和信息，如CPU/GPU 的消耗、内存空间、总线带宽、DMA⊖资源，以及用例等。

2.5.1.3 层级

系统的另一个视图显示了元素的层级结构。让我们把系统分为子系统、组件和单元，从而把它分解成最小的、相互关联的部分，如同关于房子的例子中的那个冰箱。你的系统中最小的相关部分是什么？

图 2.16 描述了一个由三个子系统组成的系统。这些子系统由一个或两个部件组成，以此类推。

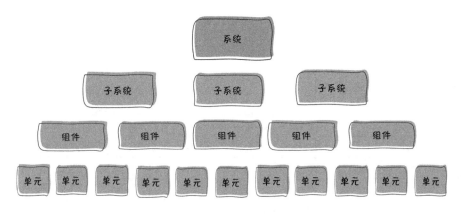

图 2.16　元素的层级

2.5.1.4 项目之间比较

当有了如上文所述的系统宏观概述，接下来要做的就是确定公司是否已经开发过类似的产品。对于系统架构师来说，熟悉公司内以前做过的项目或正在进行的各种活动是非常重要的。他应该为这些项目或活动建立相应的数据库，并持续维护这个数据库，以便随时掌握相关信息。他还应该制作一个项目之间的比较表，以便在需要的时候在这个表中可以寻找可用的技术和可用于当前设计的概念，从而找到新项目与已有项目之间的相似性，并确定哪些已有的东西是可以重用的。将这些信息反馈给首席技术官（CTO⊖）也是很重要的，因为这些信息对于为公司制定技术战略和平台的布局是非常有价值的。他可以根据相似性和趋势

⊖　DMA（Direct Memory Access）意为直接内存访问。通常通过处理器中的特殊控制器实现，以将数据从 CPU 中的 A 点移动到 B 点。

⊖　CTO 表示 the Chief Technology Officer，首席技术官。在公司中，他负责整体的技术战略和开发。

来决定下一代的产品是什么样子。跨项目比较表可以如表2.6所示的类型。

表2.6 跨项目比较表

	特征	项目1		项目2			项目3	项目4		
		基础版	高配	基础版	中配	高配	系统1	基础版	中配	高配
系统	系统特征1	×	×	×	×	×	×	×	×	×
	系统特征2		×			×				
	系统特征3		×			×				×
	接口1	×	×	×	×	×	×	×	×	×
	接口2	×	×	×	×	×	×	×	×	×
	接口3				×	×				
	接口4					×				
	环境XYZ					×				
	扩展1	×	×	×	×	×	×	×	×	×
	扩展2		×							×
硬件	处理器	XYZ1.0	XYZ1.5	XYZ1.0	XYZ1.3	XYZ2.0	ABC3.0	XYZ1.0	XYZ1.5	ABC3.0
	IC 1	×	×	×	×	×	×	×	×	×
	IC 2		×			×				×
	IC 3					×	×		×	×
	PCB	3layers	5layers	3layers	3layers	7layers	5layers	3layers	3layers	5layers
	电压	3.3/5V	3.3/5V	3.3/5V	3.3/5V	3.3/5/8V	3.3/5V	3.3/5V	3.3/5V	3.3/5V
软件	操作系统									
	中间件1									
	中间件2									
	接口堆栈1									
	接口堆栈2									
	接口堆栈3									
	接口堆栈4									
	协议XYZ									
	特征1									
	特征2									
	特征3									

(续)

特征		项目1		项目2			项目3	项目4		
		基础版	高配	基础版	中配	高配	系统1	基础版	中配	高配
机械	尺寸									
	材料									
	连接器1									
	连接器2									
	连接器3									

在这个表中，可以看到不同的系统方面，如硬件、软件、机械，以及左手边的系统类别等，每个方面又被细分为不同的子项。表格的不同列代表不同的项目，它们有的正在开发中，有的在 RFQ 阶段。这些项目又有不同的配置级别，如基础版、中配和高配等。在汽车行业的电子产品中，这是非常典型的情况。

我在表中添加了一些系统和硬件的条目作为例子。可以清楚地看到不同项目之间的相似之处和不同点。例如，基本系统看起来都非常相似，可以用同一个概念来开发。此外，可以观察到项目 2 的高配系统包含了所有其他项目的所有功能。因此可以考虑将这个项目作为所有其他项目的平台来开发。

这个表格可以帮助我们立即看到项目之间的相似之处和不同点，是系统架构师探讨不同项目之间进行重用的一个重要的基础。这些信息应该在必要时尽可能详细地保留。特别是，软件框架、中间件和 OS⊖的依赖性。如果那些为 OS XYZ 开发的东西，在当前项目中被要求用于另一个 OS ABC，那么这些东西的重用性就可能会大大降低。

系统架构师要确保可用的技术被识别出来，并能被重用。只有这一步完成了，才能开展后续进行关于自己做、外购或重用现有组件的调查与讨论。

2.5.1.5 性能分析

此时，我们可以对产品的内部功能进行性能分析了。专家团队尽可能多地进行相关的测量，并明确区分可靠的测量结果和基于推断或其他数据的纯假设结果。这一点必须在以后的风险调查中加以考虑，或者我们也可以要求供应商提供相关的数据，并确保他们交付的数据是可以信赖的。

在这里，系统架构师要创建和维护一个数据库，包括从对各种功能、用例、产品和技术进行测量获得的数据。数据越多，就越能准确地估计系统所需资源。这些数据的获得可能需要通过几代人的努力和持续维护，从而可以使我们能够完

⊖ OS 表示 Operating System，操作系统。通常，汽车行业中多使用 QNX 或 Linux，也有使用 Android 和 Windows 系统。

全信任它。在有许多复杂项目的大公司里，通常会有一个专门的部门来负责各种类型的性能测量工作。

让我们举个例子，看一下对于表 2.7 中的静态信号处理模块的 CPU 负载和内存估算是如何进行的。

表 2.7 每个项目的 CPU 和内存需求

处理块	处理器类型 1		项目 1			项目 2	项目 3		
	CPU@500MHz	MEM	基础版	中配	高配	系统 1	基础版	中配	高配
特性 1	8%	100kB	×	×	×	×	×	×	×
特性 2	12%	50kB		×	×				
特性 3	4%	12kB							×
接口 1	2%	2kB	×	×	×	×	×	×	×
接口 2	3%	3kB							
功能 1	23%	100kB			×	×		×	
功能 2	8%	70kB							
功能 3	13%	150kB			×				
功能 4	27%	200kB	×	×	×	×	×	×	×
功能 5	12%	90kB							
总计			40%/305kB	52%/355kB	112%/777kB	63%/405kB	37%/302kB	63%/405kB	44%/317kB

在该表中，每个左侧的软件功能都有其相应的 CPU 负载消耗和内存需求。系统架构师既可以为不同的项目启用不同的功能，也可以因为不同的 SoC[⊖] 而启用不同的功能。通过这些数据，系统架构师就可以估计每个项目的整体 CPU 负载和内存消耗，并确保静态负载平衡，以匹配处理器的能力。这种方法对于已经确定了 CPU 型号和操作系统种类的情况非常有效。从表格中我们可以明显地发现项目 1 中的高配版本的 CPU 负载已经达到了 112% 的问题。因此，项目组必须据此做出决定，要么舍弃其中的一个功能，要么开发部门就必须承诺优化这些功能所消耗的 CPU 负载。唯有如此，才能把所有的东西都放进处理器。

对于更复杂的功能，可能需要考虑图形处理性能。因此，我们需要估计内存带宽和 GPU 的性能。在 Linux 或 QNX 这样的操作系统中，事情会变得更加复杂，它们支持在几个内核上进行负载平衡，而且可能同时有几个相互竞争的应用程序都需要尽可能快地运行。比如，导航系统在路线计算和地图创建过程中占用了所

⊖ SoC 表示 System – on – Chip，即片上系统。这通常是一个具有多个内核的处理器，用于不同的目的，如 CPU、GPU、DSP 和微控制器。

有的系统资源，而在后台，蓝光光盘正在运行7.1多声道环绕声。此时，如果不能动态为蓝光光盘的程序调配系统资源，那么用户就会感受到声音的失真。因此，蓝光光盘的程序有硬实时性要求，我们必须要在某些时间段保证它的资源要求。幸运的是，今天的操作系统支持所有这些要求，但系统架构师需要知道所有的陷阱和隐患，还需要知道公司里是否有人能够评估这些问题，因为系统架构师最终需要批准某个处理器是否可以使用，并保证整个系统能够按预期工作。因此，必须确保每个架构概念都被充分证明，所有的可行性都得到了充分的研究，并且整个系统的设计是完全可用的。

2.5.1.6 接口、协议和系统层

最后，系统与外部世界的所有接口都需要有明确的要求。如前所述，系统架构师需要决定选择哪些接口，或者知道哪些接口是必需的。如果可以选择的话，我们会希望使用在功能、成本、质量、可用性、内部开发工作和技术策略方面都符合客户需求的东西。必须考虑到系统的所有方面，如相关的连接器或天线、硬件和软件、PCB上的可用空间的大小、必要的IC⊖、哪些软件驱动和堆栈是必要的，以及在哪里可以得到它们等。此外，你还需要知道你需要传输多少数据以及接口的额定带宽等。

当我开始在汽车行业工作时，在设备之间传输数据方面，我使用最多的总线系统是MOST⊖技术。它连接多媒体主机和音响的功放或其他设备，用于在车内传输音频、视频、语音和控制数据。从系统的角度来看，它定义了OSI⊖模型的所有7层，并具有同步传输机制。同时，它还有特殊的接口芯片，保证了在其环路上可以非常可靠地传输协议、音频数据包和控制数据等。音频通道的带宽被清楚地定义，并且很容易将其集成到一个系统中。

OSI模型是网络设计中的一个最重要的概念，它包含七层网络接口，具体如下：

（1）物理层（Physical Layer）

该层负责以电、光或无线电的形式传输数字信息。它描述了表示1和0的数字信息是如何被物理信号所表征和传输的。还描述了连接两个设备的电缆和连接器、用于在1和0之间切换的晶体管，以及用于无线传输的天线和放大器等。

（2）数据链路层（Data Link Layer）

该层负责稳健和无错误地传输信息。它描述了如何将比特打包成帧

⊖ IC表示Integrated Circuit，即集成电路。这通常是一个小型黑色设备，具有集成的电子设备和几个与外界连接的引脚。

⊖ MOST表示Media Oriented Systems Transport，即面向媒体的系统传输。

⊖ OSI表示Open Systems Interconnection，即开放系统互联。是一种由ITU和ISO提出的标准模型。

（Frame），添加校验和（checksum），并可能有一个动态的流控制（Flow Control）。

（3）网络层（Network Layer）

该层负责数据流的交换和路由，并避免拥堵。它描述了如何处理数据流。例如，多个连接的情况下哪个消息必须去哪个地址。

（4）传输层（Transport Layer）

该层负责再次避免拥堵和无错误传输，但是是在更高的抽象层次上。它描述了数据分段、流量控制和端到端连接中的错误控制。

（5）会话层（Session Layer）

该层负责在更高的抽象层次上建立连接，将一个应用程序连接到另一个。它描述了如何启动、终止和恢复或同步连接。

（6）表示层（Presentation Layer）

该层负责将内容从一个点传输到另一个点。因此，它要求在两点之间讲相同的"语言"。它还描述了如何在必要时对数据进行压缩和加密。

（7）应用层（Application Layer）

这一层负责与应用程序对接，并提供相关的功能。它通常描述通信伙伴、资源可用性和同步。

为了提供一个更全面的图景，我还想谈谈第 8、9 和 10 层。第 8 层是使用该技术的人。幽默的是，开发人员有时会通过说"这是第 8 层的问题"来为他们的实施辩护。

第 9 层是一个组织，第 10 层是一个政府，这与系统架构不是特别相关，但可能值得了解。

所有的网络或连接接口都可以分为这几层，有时其中的某些层需要系统架构师的特别关注。

汽车中的其他总线系统还有 CAN⊖、AVB、以太网等，以及更多的用于传感器的特殊总线，如 PSI5。系统架构师需要对这些总线的技术细节和系统相关的特征有一个很好的概览。他应该自己建立并维护一个全面的表格，描述来自供应商的接口设备、系统相关功能和要求、硬件和软件的依赖性、带宽能力、主/从依赖性和典型应用。当然，了解公司或技术开发部门中的现有产品也是一如既往地重要。与供应商建立良好的关系以获得相应信息，对于规划未来的架构也是非常有价值的。

然而，接口不仅与外部世界有关，也与产品内部有关。如果在一个设备中有多个处理器，在它们之间以及与其他设备之间有若干连接，那么这些内部的接口

⊖ CAN，全称为 Controller Area Network，指控制器区域网络。

也需要进行相应的设计。

典型的内部接口有 UART、I2C、SPI、I2S/TDM 和 PCI,一个包含所有内部接口细节的综合表格也是非常重要的。这些接口通常会有多个变种,最关键的是要详细定义你的需求和想用它实现什么,当你用它连接两个设备时它们是否能够兼容。为了确保兼容性和适当的设计,通常需要对技术数据表进行详细分析。

最后,对于那些用户可访问的有线或无线接口,如 USB、SD 卡、WLAN/Wi-Fi 和蓝牙等,我们也应该建立一个类似上面所述的表格。

2.5.1.7 协议

对于系统架构来说,了解通信协议方面的要求是至关重要的,包括协议是如何工作的,以及在硬件、软件、连接器和开发工作方面需要投入多少工作量。协议既可以在硬件层面实现,也可以在软件层面实现,或通过软硬件的结合实现。协议主要的任务是将所需要的信息从 A 点传输到 B 点。关于协议的细节,我不想谈太多,只想描述一些基本的原则。如果您希望获得更多关于协议的细节,Sharp 的 *Principles of Protocol Design*[7] 会是一本很值得读的书籍。

第一个关于协议的问题是:在通信中你有多少个参与者?是从 A 到 B 的单一连接?还是有 C 和 D 参与?或者是 A 与从 B 到 Z 的一大群参与者进行交流(图 2.17)?

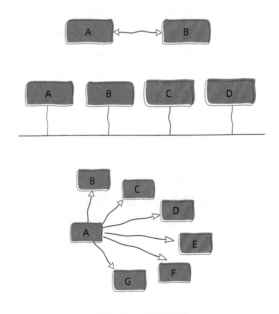

图 2.17 网络拓扑

第二个问题是,到底是谁在说话?是 A 和 B 来回交流,还是只有一个参与者在说话，而其他的参与者只是在听？同样的问题也适用于其他结构。

第三个问题是，通信是如何开始和结束的？B 是否一直在倾听还是需要被先唤醒？是否需要一个特殊的词语来使双方意识到通信的开始和结束？如果通信被打断，且需要重新开始，要采取怎样的动作？

当然，网络内的所有参与者都必须说相同的语言。如果语言是经过调制的或加密的，所有参与者都需要能够在对应的通信层中说出并理解这些语言。

接下来的问题是，通信有多复杂？当 A 在说话时是否需要关心 B 是否在听？A 是否等待 B 的确认，或是否需要关心 B 是否有足够的处理能力来跟随这种通信速度？或者，反之亦然。

最后，通信有多紧急？A 是否能够随意打断正在说话的 B？还是只在 B 明确要求的情况下 A 才能够提供信息？

明确了以上问题，就可以看出哪些协议符合要求。我们可以看到，设备之间的互动规则与人类并没有太大差别。我将通过下面的两个例子来说明其具体原因：

（1）I2S

这是一个硬件协议，通常用于连接两个音频设备，以便将音频数据从一个设备传输到另一个设备。

其传输是单方向的，包含一个说话者和一个听众。它是一种发送后无须确认（fire – and – forget）的连接，这意味着说话者不能控制接听者是否收到信息。这是一种需要时钟严格同步的连接协议。否则，各个比特会立即出现错误。硬件接口本身通常并不关心听者是否有及时处理所有信息的能力，既没有错误控制，也没有失败情况下的重传机制。如果有必要重传的话，需要在更高层解决，例如在软件中。

信息的语言类型可以通过配置进行一定的变更。接口包括三条线，其中一条是比特时钟（或串行时钟），它决定了比特的速度。第二条是帧速率时钟（或帧同步或字选择），它决定了音频采样率，并宣布一个信息的开始。第三条是数据线，用于传输信息的内容。帧速率和比特时钟需要一定的设置，字长通常是 16bit，也可以变化。当电信号有一个从低电平到高电平的变化时，表示一个信息的开始，其中包含了两个通道的音频。左右通道的 16bit 直接代表音频采样的值。因此，这个接口相对简单，工作量小。虽然需要仔细设置，但一旦配置好了，它的运行通常会非常稳定（图 2.18）。

（2）软件协议

不同于上述的简单的 I2S 接口，此处我将描述一个更为常见的软件接口。让我们假设，我们在 PC 上有一个图形用户界面（Graphical User Interface，GUI），可以访问一些具有许多功能和特性的硬件设备。我们需要将信息写入设备，也需

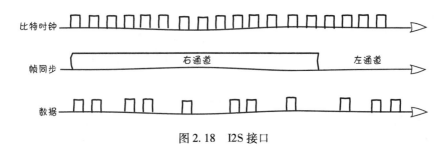

图 2.18　I2S 接口

要从设备上读回信息，或者设备需要反馈信息。对于这种通信，硬件接口显然是必要的，但在这个例子中，我们只集中讨论较高的软件层，而且还假设一个连接已经建立并开放。一种使用场景是，用户可以上下移动一个滑块，从而改变其中一个设备的参数。GUI 中的某些功能可以捕捉到滑块的位置，并将一个值放到协议中进行传输。第一个问题是，如果用户用一种意料之外的方式上下移动滑块会发生什么？我们是否需要处理在滑块移动过程中间的所有单个数值，抑或是我们可以忽略中间过程而只关注滑块的最后位置？

对于以上逻辑处理的主体将是 GUI 本身。此外，如果我们需要滑块在移动过程中的所有位置值，我们必须确保我们的软件和通信协议的速度和带宽足够快，以捕获并传输所有的值。然后，如果这些消息被放入协议，我们需要确保滑块与相应设备中的相应功能完全对应。为此，我们需要一个类似于我们的邮件系统中的地址的概念：信件的类型/大小是什么，国家、城市、街道、房子，也许还有现实生活中的楼层或公寓号码？在我们的这个例子中，地址信息可能要包括紧急程度、信息大小、设备 ID、处理器 ID、CPU 内核 ID、功能 ID，也许还有子功能 ID 等几种方式。于是，我们组成了一个由数据和地址组成的消息（图 2.19），可能还需要加上的其他东西，如加密信息或校验计算等。

此刻，我们将该信息传送到一个同时连接到所有设备的硬件接口，每个设备都将会收到该信息，但只有一个设备能识别其地址，并将信息传输到更高的软件层，软件层将对该消息进行解密、解包等必要的操作。对于硬件设备而言，如果有许多消息进进出出，就需要一个数据缓冲区来存储这些信息。在这里，如果需要对消息的优先级和错误进行处理，还需要引入智能机制。经过以上操作，消息最终会到达正确设备中的正确软件功能。

图 2.19　软件消息示例

软件功能会返回一个确认该消息已经被成功收到的应答消息。这个应答消息被以同样的方式送回到 GUI，当 GUI 收到该应答消息时，本次传输就成功地完成了。因为 GUI 不可能无休止地等待应答信息，所以通常在 GUI 中会运行一个定时器，当定时器超时时，GUI 一般会给用户一个明确的错误提示信息。

一个系统架构师必须确保他熟知相关的协议，以及在特定架构中使用这些协议的意义，以及可以通过哪些协议能够满足对系统的需求。

2.5.1.8 环境

根据与由外而内的视角，我们需要关注产品将来的使用环境。例如，我们必须知道产品在哪个温度范围内是必须工作的。在汽车行业，这可能是 -20~80℃。在其他行业，温度范围可能更加极端（例如，航天飞机必须能够承受更为严苛的极端温度）。

湿度对电子部件也有至关重要的影响，必须在仔细调查后明确规定。

灰尘、污垢、泥浆和水也都会对电子部件产生一定的影响。想象一下，汽车外部的电子零件必须能够在大雨条件下工作且不能损伤。此外，带有巨大的处理器或功放的电子设备会在所在的外壳内产生大量的热量。因此，可能需要加装一个风扇来散热。而风扇会引起壳体内的空气流动，于是就会将灰尘带入壳体内部。外壳本身还需要一定的尺寸，但车内的空间有限，需要设法容纳所有的电子器件。

最后，当汽车在行驶过程中，还会产生比较大的振动。汽车中的所有电子系统都需要能够在这种极端环境中长时间使用。因此，这些相关的环境要求通常需要被明确规定，从而可以指导相应的设计和系统测试的进行。

现在，既然我们已经知道了所有来自系统外部和内部的边界条件，就可以开始寻找专用的硬件 IC 了。

2.5.1.9 选择 IC

对于 IC 的选择，我们通常从系统的主要计算单元开始。人们总是希望在某个处理器的软件上能够运行所有已确定的功能和应用。对于小型控制系统，可能一个微控制器（MCU）就足够了。对于纯音频系统，可能需要一个 DSP。对于更为复杂的系统，可能需要一个通用的主 CPU 和 SoC，如英特尔、英伟达、高通、瑞萨、联发科或德州仪器的相应产品。所有这些产品都有强大的 CPU 内核，可以处理几个应用程序和相应的用例，它们的主频通常能够达到数 GHz，能在多个内核上提供高达数 GFLOPS⊖或数 MIPS⊜的计算能力。

针对计算能力的调查必须要非常认真。SoC 通常有几个内核，每个内核都具有单独的时钟频率，它们的时钟频率通常以 MHz 或 GHz 为单位。计算单元可以

⊖ GFLOPS, Giga Floating Point Operations per Second, 即每秒千兆浮点运算。

⊜ MIPS, Million Instructions Per Second, 即每秒运行的百万指令。

在一定数量的时钟周期内对计算寄存器中的一定数量的字（Word）进行加法和乘法运算或执行内存访问功能。我们需要对计算单元的最大 FLOPS 进行计算，如 2 核 ×1GHz×8 字 ×4 次计算 = 64GFLOPS。实际上，会有多个因素使这个计算速度降低，所以它只可以作为一个理论上的可能参考值。根据我的经验，为了对不同的内核进行对标测试，需要对标准计算进行一些参考测量。然后，我们才可以将它们在一个维度上进行比较，从而有一个可靠的起点来进行对不同处理器的进一步估计和参数之间的转换。

今天，巨大的 SoC 已经将多核系统与 GPU 和其他专用处理器或硬件加速器结合起来，它们可以处理视频输入和输出，并驱动用户界面的显示。此外，它们还可以包括各种安全机制，以满足这些领域的当前要求。它们还有强大的内存接口，可以连接到各种内存。而且，它们可能还有专门的硬件加速器，以实现对神经网络引擎等特殊应用的支持。

对于大多数产品来说，选择合适级别的处理器并不复杂，例如，可以选择微控制器、DSP 或主 CPU，或它们的组合。这一步完成之后，只是缩小了候选产品的范围，此后选择合适的设备型号会很复杂。通常，每类产品都至少有 2～3 个不同的供应商，而且每个供应商都可能有不同的系列，每个系列又有不同的衍生产品。

我的经验是，有时甚至连供应商本身都无法提供相关功能和接口的适当概览。因此，我总是自己创建对比表，并在其中添加了所有相关的功能，还对与我所从事的产品的相关内容进行相应的总结，包括硬件接口、CPU 和内核的细节、内存的细节、特殊功能、可用性/路线图、价格和软件支持等。我建议与供应商保持定期联系，以确保你总是有最新的路线图在手。可以像表 2.8 一样建立一个概览，并对你选择的处理器进行预选：

表 2.8　处理器家族比较矩阵

供应商	处理器家族	名称	内核时钟/MHz	内存/MB	I/Fs	价格/美元	可用时间	MHz/美元
ABC	Alpha	Proc1v1	200	200	TDM, I2S, UART, SPI	9.75	Q1 2022	20.5
ABC	Alpha	Proc1v2	600	300	TDM, I2S, UART, SPI	12.56	Q3 2022	47.7
ABC	Alpha	Proc1v3	900	300	TDM, I2S, UART, SPI, USB	15.98	Q4 2022	56.3
ABC	Beta	Core1	250	300	I2S, UART	10.11	Q1 2021	24.7
ABC	Beta	Core2	150	200	I2S, UART	8.76	Q1 2021	17.1
ABC	Beta	Core3	150	100	I2S, I2C	6.70	Q1 2021	22.3
ABC	Beta	Core4	150	50	T2S, I2C	5.40	Q1 2021	27.7

（续）

供应商	处理器家族	名称	内核时钟/MHz	内存/MB	I/Fs	价格/美元	可用时间	MHz/美元
XYZ	ProcFam	A – Core	200	100	TDM, SPI, I2C	6.32	Q3 2020	31.6
XYZ	ProcFam	B – Core	200	200	TDM, SPI, I2C	8.12	Q4 2020	24.6
XYZ	ProcFam	C – Core	100	300	TDM, SPI, I2C	7.99	Q4 2020	12.5
XYZ	ProcFam2	D – Core	300	500	TDM, SPI, USB	14.66	Q2 2021	20.4

　　本示例展示了每个所选处理器的功能。当你创建自己的表格时，其具体细节取决于你所在的行业和实际使用情况。最后一栏不但对于比较不同处理器的性价比是很有帮助的，对于选择正确的处理器也是有帮助的。

　　现在，需要开始设计所有的外围设备了。如果需要 CAN 接口，那么就需要选择某些特定的 IC。如果在系统中需要使用诸如调频收音机、蓝牙和 Wi – Fi 等功能，那么就还需要选择相应的 IC 或处理器。所有这些 IC 通常都需要与主 CPU 连接，以便在上面运行高级应用程序。这些外围设备必须要有足够的接口，而且所有的接口都必须能配合工作。还有几件事需要考虑，如时钟、格式、主/从配置、电压水平和时序等。在这里，为所有类别的 IC 制定一个比较表也是很有意义的。

　　要跳出框框进行思考！要有创造性！如果有可能在一个小型的微控制器上运行一个音频算法，而这个微控制器并非是为音频算法而设计的，那么你可能会节省一些钱。或者，如果几个设备可以连接到一根总线上，就可以节省主 CPU 上的一些接口。如果可以选择一个更小的衍生产品，也是可以省钱的。然而，要确保这种选择不会导致软件方面的工作量大幅度增加，因为这些工作量可能会吞噬了你所有在硬件方面节省的费用。或者，如果你的主 CPU 上缺少很多小的和专门的接口，你也许可以选择一个 FPGA⊖ 或 ASIC⊖ 来实现这些接口，并将其通过 PCIe⊜ 等高带宽总线连接到主 CPU 上。总是会有多种可能的解决方案，多花一些时间来创造不同的替代方案，与你的同事讨论并比较它们的异同点，并最终依据功能、质量、工作量和风险方面的因素进行最佳的选择。

　　现在，你应该对所有与系统相关的功能和需求有一个很好的概念了。对于这

⊖ FPGA，Field Programmable Gate Array，即现场可编程门阵列，是一种可编程 IC，包含灵活的通用逻辑元件和接口，可以在制造后进行设计和配置。

⊖ ASIC，Application – Specific Integrated Circuit，即特定应用的集成电路，可以设计得类似于 FPGA，但在编程后具有固定的设计。

⊜ PCIe，Peripheral Component Interconnect express，即外围组件快速互连，是外围设备和主 CPU 之间的接口标准。

些功能和需求，你可以创建一个框图来展示它们。并逐一对其成熟度、现状等进行调查，从而可以在进行系统架构设计的时候决定如何获取（包括重新制造、购买和重用等）它们。这样的图比拓扑图更详细，如图 2.20 所示。

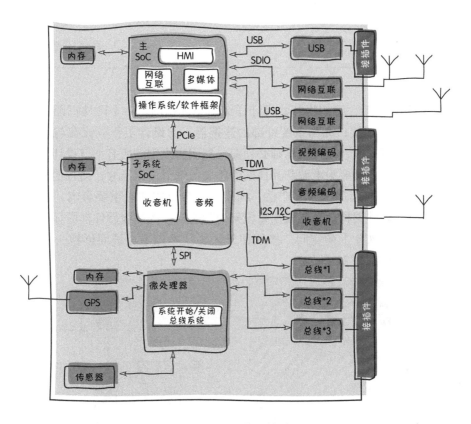

图 2.20　系统组件图

图 2.20 展示了某一个系统所有的主要组件，不仅包括了像主处理器这样的硬件组件，而且还包括在它们上面运行的主要软件模块。既可以从高层视角阐释了系统的构成和结构，也可以通过对模块使用不同的颜色来展示开发状态或责任。此外，为不同的用例创建系统组件图也是非常有价值的。例如，你可以创建一个图来展示哪些组件是系统中 MP3 文件播放功能的一部分，以及音频和消息的传输路径。这些图对于讨论单一用例或功能的架构很有帮助。

2.5.1.10 硬件设计

如果你真正严肃地对待软件，那么就应该制造自己的硬件。
People who are really serious about software should make their own hardware.

——Alan Kay
美国计算机科学家

在选择 IC 之后，我们将开始设计详细的硬件框图。一个硬件框图的初稿将展示系统中的 IC、接口和与系统外部的连接器。此设计工作应该在与硬件架构师的密切合作下完成，硬件架构师必须参与到引脚级别的所有细节设计工作中。

硬件架构师还需要为电源和其他硬件相关的细节设定尺寸，而且他还必须评估什么样的 PCB 可以用于最终产品。PCB 的层数对成本有重要影响，需要谨慎选择。同时，硬件架构师需要根据系统架构师所提供的高级硬件框图仔细研究器件的摆放位置、PCB 上的空间、接地和分区等技术细节，进而创建一个更详细的硬件框图，如图 2.21 所示。

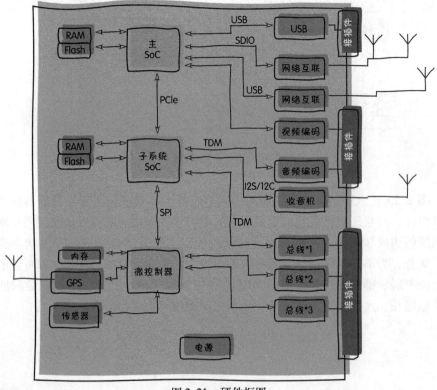

图 2.21　硬件框图

在这个系统硬件框图中可以看到我们到目前为止讨论过的所有细节。例如，系统中包含多少块 PCB，系统内部有哪些接口以及与外界的连接器，选择了哪些处理器、集成电路和存储设备等。如果系统有几个变种，在这里也很容易展示出来。如果你的工具有处理层的选项，就可以显示内存的变种、接口、是否贴片的选项（population option），以及不同的系统层次。

硬件架构师工作的下一步是研究引脚级别的细节。大多数主要的 CPU 和更复杂的 SoC 都有一个引脚复用的概念。这意味着有可能使用同一个引脚组来配置多个接口。架构师需要决定实现哪一个接口，并需要仔细设计。处理器的数据手册（data sheet）通常会列出所有可能的接口。例如，在概览中，你可能看到有 4 个不同的可用 SPI 接口，但在查看细节时，你会发现只有两个 SPI 接口有专门的引脚，另外两个是与 UART 或 I2C 接口复用的。因此，重要的是不要依赖处理器手册的概览，而是要详细检查引脚的复用情况。

还需要对整个系统的电源进行设计。此时，我们需要知道系统总共需要多大的功率。例如，最坏情况下我们需要支持多少瓦的功率消耗？系统中需要多少个不同的电压？我们是否需要提供 3.3V 和 5V 或其他电压？如果系统中有模拟音频信号，我们还需要注意如何保证这些信号不失真。如果系统中存在许多高频元件，信号完整性就会是一个大问题。为了避免在真正的硬件上进行昂贵的试验和错误迭代，我们应该尽可能地在设计阶段进行仿真。

在项目的 RFQ 阶段，人们可能希望尽可能多地完成设计，以获得可靠的工作量和成本估算。在开发阶段，硬件设计遵循常规的开发流程，如概念、设计、原理图的创建、电路板的布局、PCB 的订购、部件的组装、硬件上线、测量和测试以及接口检查。尤其是接口的检查，需要软件部门的参与。一旦所有这些都完成了，系统就可以被移交给软件部门。为了完成对硬件的检查，往往需要有一个专门的团队来设计特别的软件，通过这个软件，可以实现对参数和寄存器的配置、对硬件接口的物理测量，从而与硬件的设计规范和要求进行比较。

系统架构师需要对以上所有活动都有一个概览。他需要明确规定硬件和软件的依赖性，同时也应该要对硬件设计与开发过程进行监控。例如，可以通过对检查表或其他证明文件的检查，以判断设计、审查、实施和测试等活动是否合格。根据系统工程的方法，可以很容易地在开发过程中设立阀点，从而能够在阀点检查时决定是否批准开发活动能够从一个步骤进入到下一个步骤。

在硬件方面，系统架构师需要特别注意两个主要的挑战。

（1）妥协

在很多情况下，硬件无法完全精准匹配需求。我们不得不在供应商、功能、价格、软件支持之间进行困难的选择，并做出某种妥协。特别是，系统架构师有责任关注所有这些方面的问题。一个众所周知的陷阱是硬件部门在选择硬件时没有事先与软件部门沟通,这很可能会导致不好的结果。系统架构师应该在两个学科之间架起一座桥梁,并确保所有的方面都被覆盖。

(2) 时间和风险

在项目中,我们经常会讨论那些只在供应商的产品路线图上存在,但还尚未大规模生产的芯片组。如果要将这样的芯片组集成到一个系统中,必然会引入相当多的风险。所获得的好处是站在技术发展的最前沿,并领先于竞争对手。然而,也可能不得不帮助芯片供应商一起调试这个芯片,并确保这个芯片没有缺陷。系统架构师会在这里扮演一个关键的角色,他需要有一个关于市场的清晰概览,并帮助相关人员为可行性研究建立规范,以尽可能有效地降低风险。

一般来说,硬件的成熟度是通过不同的开发阶段来验证的。在汽车行业,特别是在德国,这些产品开发过程中的阶段通常被分为 A、B、C 和 D 阶段。请参阅 VDA 发布的文件 *Reifegradabsicherung für Neuteile*[8],以了解更多细节。

(1) A 样(A Sample)

A 样通常被用来证明系统的一些基本功能,可能只是实验室里仅带有某些硬件模块的评估板,或者只是一个机械样品。

(2) B 样(B Sample)

B 样通常被用来验证完整的硬件内容和一些基本的软件。硬件和机械应该接近于最终产品的要求,但仍然是一个原型。B 样可以被用来进行设计验证(Design Verification,DV)。

(3) C 样(C Sample)

C 样具有产品的全部功能,需要完成设计验证工作。C 样是按照生产制造流程生产的,并被用来进行生产的过程验证。

(4) D 样(D Sample)

D 样是使用大规模量产工具和工艺生产的,以被用来进行最终的产品验证(Product Verification),并只有在通过产品验证后才能够开始大规模量产。

在美国市场,上述阶段有不同的名称,如 EVT(工程验证测试,Engineering Validation Test)、DVT(设计确认测试,Design Validation Test)和 PVT(生产确认测试,Production Validation Test)。其思路或多或少是一样的。概念、架构、实现和流程被一个接一个地测试,以清楚地跟踪开发的成熟度,并减少早期阶段的失败风险。

2.5.1.11 机械设计

一旦进行了硬件布置研究,机械设计部门就要开始介入。PCB 上的空间现在已经被确定,机械设计部门需要设计一个将 PCB 包裹起来的盒子。为了对整个产品的温度场进行管理,机械设计部门需要掌握所有关于处理器和放大器的散热信息。这意味着可能需要在系统中添加特殊的冷却材料或安装风扇。这项工作通常可以根据目前可用的信息进行温度或热仿真。仿真的结果为风扇的选择、散热策略和结构设计等提供了进一步的输入。

此外，EMC[⊖]部门必须参与其中，以确保系统不对所在环境产生不必要的电磁干扰，或不受到环境中的电磁能量的影响。EMC 部门必须与机械部门紧密合作，以为系统设计适当的外壳。

2.5.1.12 仿真

硬件和机械开发的一部分工作虽然属于物理实体领域的活动，但创建一个 PCB 和组装所有的零件需要相当大的努力。此外，外壳设计也可能相当复杂，耗费很多时间和金钱。特别是，制造用于外壳大规模量产的模具是非常昂贵的，应该尽量一次成功。因此，在开发阶段，我们必须尽可能地减少设计的迭代次数，以节省资金和时间。仿真在此方面可以发挥很大的作用。

硬件的仿真可以通过几种方式进行。例如，在创建原理图后使用 PSPICE[⊖]等系统来仿真所有种类的模拟、数字和混合信号的行为。这种仿真既可以提供一个关于信号完整性和设计可行性的概览，也可以初步验证设计的正确性。对于如存储器接口等的高速信号，它们的速度可以达到几百兆赫或几千兆赫，需要合理的高频设计。可以使用 ANSYS 或 Mentor 等公司的系统进行仿真。

机械仿真是在图形基础上开始的。初版的图纸已经显示了机械的尺寸和零件是如何一起工作的，可以被视为第一次仿真。当然，今天到处都在使用 CAD[⊖]设计，并且可以与 3D 打印结合起来实现快速测试。尺寸、材料和行为都可以用各种不同的方式来设计和配置，并且有一些工具可以将三维图纸整合到整个工作流程中，以达到完整的虚拟产品开发。图形、材料和行为仿真相结合，共同创建了虚拟现实空间中的完整模型。然后，就有可能对热行为、流体动力学、压力测试、声学行为、用户体验，以及更多方面进行仿真。例如，可以用如音乐播放、信号处理、功放、扬声器和汽车内饰等所有相关的组件来模拟汽车内部的声学效果，然后在耳机中进行体验。于是，我们在汽车被制造出来之前，就能聆听汽车的音响系统。所有这些活动，所需要的只是对汽车和扬声器的完整 CAD 描述，并结合一个功放进行仿真。

仔细评估现实世界和仿真结果之间的差距是非常必要的。然而，对于上述大多数工作来说，仿真的能力已经非常可靠了。

当然，仿真也可以应用于软件开发。在软件真正在硬件或专用芯片组上运行之前，我们可以对 CPU 负载和内存带宽进行仿真。开发环境可以被打包成虚拟

⊖ EMC, electromagnetic compatibility, 电磁兼容。

⊖ PSPICE 是开源项目 SPICE 的一个商业版本，意为集成电路仿真程序。

⊖ CAD, computer-aided design, 计算机辅助设计。

环境,并且图形用户界面可以在开发用的 PC 机上进行仿真。此外,行为上的东西也可以被仿真,如环境变化、用户输入和各种错误等。

系统架构师应该知道什么是可能的,既要知道如何加快开发进度,也应该知道如何减少早期开发阶段的风险。

2.5.1.13 软件设计

软件是艺术性和工程性之间的伟大结合。
Software is a great combination between artistry and engineering.

——比尔·盖茨

微软

在选择了 IC 之后,还要选择一些处理器和外围设备来实现系统。对于软件部门而言,这些都是必要的输入。软件部门基于给定硬件组件和所收集的需求开始创建软件架构。主 CPU 通常可能会需要配备一个操作系统,如 Windows、Linux 或 QNX⊖,而较小的微控制器可能有定制的框架或轻量级的操作系统,如 μC/OS Ⅱ⊖。选择哪种方式取决于功能、可用性、工作量、技术战略和客户的要求等。在我所做的项目中,我们通常没有太多的选择。

在汽车领域,QNX 在一定时期内是相当流行的,后来才有了 Linux,最后是安卓。为了处理像安卓这样的操作系统的不稳定性和不确定性,我们选择了软件虚拟化和虚拟机(hypervisor)等策略,从而能够将所有东西整合到一个多核处理器中。

硬件接口的实现需要软件驱动程序的支持,而软件驱动程序则需要在特定的处理器上进行开发和配置。诸如内存、DMA 和 GPU 等资源也需要相应软件的驱动和配置。用于处理中间件、应用程序和消息传递的软件框架可以由第三方供应商(如 AUTOSAR⊜)开发。在汽车行业中,GENIVI 联盟㉔等针对 Linux 领域提出了使用和开发开源软件的倡议,并在汽车制造商之间建立了标准,使那些复杂的系统更加可靠,从而使开发工作更加容易。

⊖ QNX 是一种主要用于嵌入式系统的商业操作系统。

⊖ μC 或 MicroC OS Ⅱ 是一种适用于嵌入式系统的实时操作系统。

⊜ AUTOSAR,Automotive Open System Architecture,即汽车开发系统架构,是一种通过行业合作而创建的具有开放标准的软件架构。

㉔ GENIVI,next-Generation in-Vehicle Infotainment,即下一代车内娱乐,是一种开放的开发社区和标准,提供软件组件。

软件堆栈包括从硬件驱动到应用层的一切东西。处于硬件驱动层和应用层之间的程序被称为中间件，主要负责处理应用程序的底层功能。对于一个处理器而言，如果上面所述的硬件驱动、中间件都已经可用，那么，应用程序就可以运行了。

此外，还需要考虑所有支持功能。例如，启动和关闭系统的功能、对外围设备的集中控制、诊断功能等。最后，软件更新也正在变得越来越重要。那些过去在车库或经销商处所完成的软件更新工作，今天已经可以通过空中更新（Over - The - Air，OTA）机制来完成。系统已经可以被诊断、更新、配置和远程控制。

信息安全（security）和人车安全（safety）同样也是必须要考虑的问题。信息安全是为了确保系统不会被黑客攻击，而人车安全则是为了确保如 ASIL - A/B/C/D[⊖]等安全级别的要求得到满足。

为了创建所有这些并使软件设计可视化，可以考虑采用如图 2.22 所示的框图。高层设计应该展示系统的主要组成部分，如操作系统、软件框架、主要应用程序和主要的支持性功能等。该图说明了应用程序 XYZ 及其周围的组件。

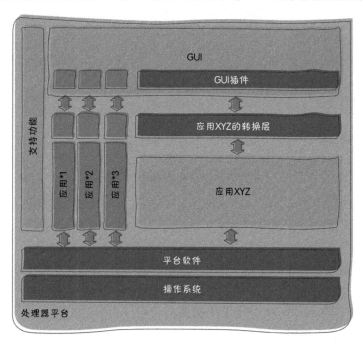

图 2.22　高层软件框图

另一个视图（图 2.23）可以更详细地展示不同的应用或用例。例如，我们

⊖　ASIL，Automotive Safety Integrity Levels，即汽车安全完整性等级。

可以为每个应用画一张图，以显示软件块之间的信号和控制路径，包括每个内核或处理器的接口和驱动。这个视图对于展示在整个系统中实现一个应用程序所需的所有组件是非常有用的。使用不同的颜色可以用来显示应用程序本身，以及本应用程序与其他应用程序（如功能和驱动程序等）组件之间的依赖关系。

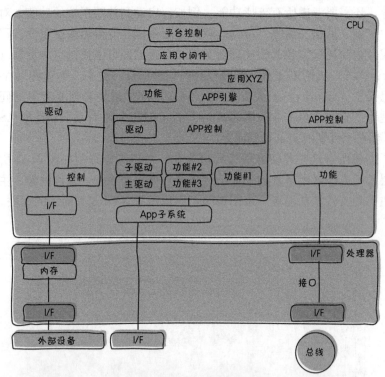

图 2.23　基于应用的软件框图

更详细的图（图 2.24）可以用 UML○来创建。UML 是一种标准化的图形设计语言，被广泛应用在系统设计中，能够展示系统中软件功能、类和接口的层级。开发部门通常直接使用 UML 作为设计规范或用于自动生成代码。

此外，完整的系统可以用 SysML○进行图形化的设计。SysML 以 UML 为基础，可以用来描述整个系统的细节。更多的内容可以在 Weilkiens 的 *Systems Engineering mit SysML/UML* [9]一书中找到。

2.5.1.14　系统变种和裁剪

有时，客户所需要的产品并不仅仅是一个单一的系统或设备，而是一系列的系统或设备。我们把这些衍生出来的系统或设备称为变种或变量（Variant）。系

○ UML, Unified Modeling Language, 即统一模型语言。

○ SysML, System Modeling Language, 即系统模型语言。

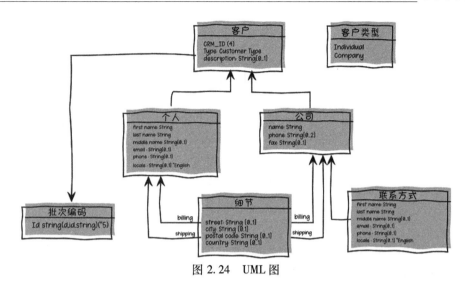

图 2.24　UML 图

统架构师在此方面的责任是要确保系统架构的设计能够让这些变种在实现方面的总体工作量最优。

例如，对于世界上不同的地区，车辆的音响系统需要不同的无线电调谐器和软件组件。因此，一个支持模块化且可配置的架构就非常有必要。根据这种架构设计出来的产品平台能够在其他方面保持不变的情况下，通过只更换相关的硬件和软件模块就满足客户对产品的不同要求，从而大大降低了相应的开发和测试活动的工作量。

另外，客户也可能会要求产品有不同的级别。例如，在音响功放产品市场上，客户通常会要求供应商提供多个级别的产品，如：基本系统、中端系统和高端系统。在这里，我们应该确保这些不同级别产品内的组件能够被最大限度地重用。如果能够在同一产品系列中选择处理器，这样它们之间的硬件差异就很小。在理想的情况下，这些处理器的针脚是互相兼容的。软件可能也是完全相同的，只是有不同的驱动程序和配置。如放大器 IC 等的其他硬件部件，可以根据不同的产品级别来选择贴片或不贴片，以便所有变种的主 PCB 都是一样的。这将大大节省开发和测试的时间与精力（图 2.25）。

2.5.1.15　分布式系统

许多电子系统无法独立工作。家里的智能手机是家中 Wi-Fi 系统的一部分，它还要与各种云有数据连接。特别是在汽车电子环境中，各个控制器在大多数情况下都是通过汽车总线互相连接的，如 CAN、AVB 和 FlexRay 等。如果一个控制器或多或少是独立工作的，而且它与其他控制单元的连接只是为了交换少量的状态数据，那么，在它们之间分工的设计方面就挑战比较小。然而，对于那种几个控制器都具备强大的处理器，而且需要它们相互协调才能实现某些功能的时候，

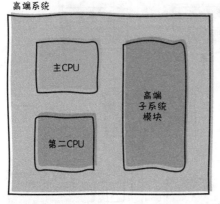
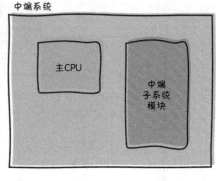
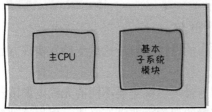

图 2.25　变体与可伸缩性

我们就应该把它称为一个分布式系统。

我最喜欢的例子是汽车信息娱乐领域的音频系统。传统的实现方法是将一个功放连接到一个音响主机上，音响主机中包含所有对音源的处理功能，如媒体播放器、音频解码器和采样率转换等。然后，音频通道通过多媒体总线（如 AVB、A2B 或 MOST 等）被传输到 DSP 所在的功放，功放负责执行所有的数字信号处理。车内通常还有一个 T-Box 负责所有连接类的功能，如蓝牙和 Wi-Fi，以及所有的电话功能。因此，DSP 的处理能力在连接类功能的实现中也是必要的，包括运行用于回声消除和降噪的音频算法。最后，系统还可能通过云连接在云端处理语音识别任务。于是，系统因此变得更加分散（图 2.26）。

现在，DSP 和音频信号处理能力已经存在于三个不同的设备和云端。系统架构师需要非常仔细地进行设计，例如，如何进行信号的路由，每个部分需要实现哪些功能，什么样的延时才能来满足语音等应用的特殊要求。此时，必须要全面且系统地思考，以期找到最佳的解决方案，实现在系统成本、资源消耗、工作量和风险等方面的最优。

在图 2.26 中，可以看到这些高层级的系统元素如何被连接起来。单一的系统架构师通常无法设计这样的复杂系统。尤其是在涉及智能手机时，智能手机通常要满足很多标准，而且有一些标准接口，只有全部满足这些标准后才能将其连

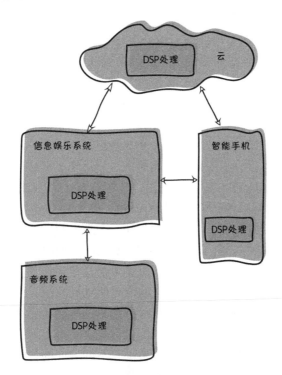

图 2.26 分布式系统

接到一个系统。信息娱乐系统的系统架构师在这方面没有太多的选择。

分布式系统的另一个典型例子是：一个公司虽然只负责提供某个系统中的一部分设备，但却要负责整个系统的建立和集成。那么，他必须与其他供应商紧密合作并创建各个设备之间接口的详细规范。这通常也是系统架构师工作的一部分。

2.5.1.16 动态行为

到目前为止，我们都是对系统从静态视角进行描述。然而，对系统动态行为及相关要求的研究也是很重要的，如系统的启动时间、早期应用启动、信号和事件之间的延迟、切换场景以及系统关机时间等。

在电子系统中，启动时间总是很重要的。以 PC 或笔记本电脑为例，尽管启动时间并不重要，但终端用户却可以注意到启动时间的差异。在汽车工业中，启动时间对于系统功能的执行非常关键。想象一下，一个出租车司机在他的车里睡觉，突然醒来后立即起动发动机，并想要倒车。假设这是一辆在前后保险杠上装有超声波传感器系统的汽车，可以探测车辆与周边物体的距离，并在车辆接近一个可能损坏汽车的物体时通过提示音或类似的东西来警告司机。

因此，当出租车司机想要倒车时，该系统需要立即进入工作状态以防止车辆受损。此时，对系统的要求通常是：车辆多媒体主机和音频系统均已经启动，并在 1s 内对传感器的数据做出反应。在这个特定的用例中，如果你有一个带操作系统的主 CPU 和几个处理器协调工作，这种快速启动要求就可能是一个相当大的挑战。可能会遇到这样的情况：系统在需要提供功能的时候还没有完全启动。为了解决这种问题，我们也可以在一个小的子处理器上运行这些功能以确保满足时间的要求。

另一个涉及关键时序要求的情况是主动噪声消除。在汽车上，已经有一些功能可以实现主动消除发动机噪声或道路噪声。这种功能类似于耳机的主动降噪系统。其原理是通过对噪声的估计或测量，音频系统主动创建反噪声（与噪声的声波幅度相反的声音）以抵消不想要的噪声，以实现更安静的驾驶体验，增加司机和乘客的舒适度。然而，在这些情况下，反噪声的产生必须在恰当的时机。特别是，在测量噪声的同时，反噪声必须与真实噪声同时到达驾驶员和乘客的耳朵，以保证良好的效果。这对系统架构来说可能是相当大的挑战。

整个信号链需要从传感器到硬件、从软件驱动到算法，再回到扬声器。这个过程需要比普通的音乐播放的速度快得多。如果音乐播放和噪声消除这两种应用都在同一个系统中运行，那么这个系统的设计就会变得很棘手。

创建一个时序图在任何情况下都是有助于系统设计的。在这个时序图中，所有的组件和它们的时序行为都是可见的。图 2.27 展示了一个简化的传感器数据的例子，这些数据经过了硬件和软件层，在到达一个软件应用程序后产生了一个结果。

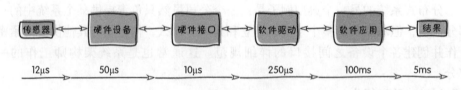

图 2.27　时序图

此外，UML 也是很有用的。可以用 UML 的序列图（Sequence Diagram）实现不同功能之间的时序依赖关系和它们之间的动态信息传递的可视化。

在汽车上的另一个类似的应用是免提电话。这个系统需要有一个回声消除算法，并对时序有特殊的要求。如果反声来得太晚，那么回声就无法被消除，整个系统就会出现奇怪和恼人的行为。当然，人们不可能凌驾于物理学之上去消除那些已经进入耳朵并被大脑感知的噪声或声音。

2.5.1.17　优先级

当一个处理器上有几个相互竞争的应用程序时，我们需要设定这几个应用程序的优先级，从而让系统在某些特定情况下能够决定哪个程序更重要。我们常见的各种操作系统，如 Linux、Android、QNX 和 Windows 等都已经有完善的机制来处理优先级。然而，需要非常小心地定义这些优先级，以避免不必要的延迟或系统的错误行为。

关于优先级的一个常见例子是对应用程序的负载峰值的控制。让我们假设导航系统启动后，用所有的 CPU 能力去计算一条长途路线。此时应该确保音频子系统等其他应用程序在软件中仍有足够的优先级，以便及时处理每个音频样本。尽管导航计算可能要多花 1s 的时间，但如果由于软件中的优先级问题而导致音频输出失真，那么人们可能会注意到并产生抱怨。因此，在任何情况下都应该避免此种情况发生。

此外，音源和输出通道的管理相当复杂。汽车中的音源数量很多，需要一个复杂的矩阵对各种场景下的优先级进行定义。假设你正在听音乐，此时出现了导航提示。同时，还需要播放一个警告音，并有一个电话打进来。这种情况在现实中是很可能发生的。因此，架构师需要定义有多少个通道可以并行播放，每个通道的优先级是什么，哪个通道需要被静音和取消静音，以及音量应该如何控制。

2.5.1.18 折中

如上文硬件部分所述，创建系统架构的一个重要难题是如何找到合适的折中方案，这不仅仅需要在硬件设计的时候考虑，也同样适用于所有的学科。

通常情况下，芯片组并不能完全匹配设计需求。此外，各种需求之间也可能相互冲突，开发时间可能比预期的更长，完美的解决方案可能并不能与公司的战略相匹配，或者最便宜的处理器可能对软件的支持并不好。需要妥协的原因很多，创造和评估各种可能的选项应该成为系统架构师的日常工作。

虽然关于如何达成一个好的折中方案并没有一套通用的规则可以遵循，但我们可以参考以下的做法。

（1）大脑和团队的力量

寻找折中方案是一个创造性的过程。我们可以针对特定的问题，找到这个领域能力最强并最具有开放性思维的人，让他们坐在一起共同尝试解决这个问题。一个系统架构师应该有出众的技能而且极其聪明，他应该明白的一点是团队协作通常能产生更多的可能性。所以，他不应该只依赖他自己的技能。在正确的氛围下，很多事情都是可能的。我曾经有一次组织了一个创造性的头脑风暴会议，期间的一个环节是大家共同观看由汤姆·汉克斯主演的电影《阿波罗 13 号》。通过观看电影中如何拯救阿波罗 13 号飞船的过程，大家提出了很多有建设性的方案。

（2）项目管理

最终所有的折中方案都会反映在不同的项目管理设置上，并导致开发时间可能更长、风险可能更高、芯片组可能更昂贵或某些功能可能会被放弃等。所有这些方案都与时间、质量或项目范围（项目管理的铁三角）直接相关。因此，如果供应商和客户关系以及沟通和升级路径建立得很好，我们就可以与所有利益相关者或客户进行协商并找到折中方案。于是，即使是一个糟糕的折中方案也可能会带来一个好的结果，并让系统能够运作起来。

（3）数据和工具

所有的决策都应基于事实。一个人拥有的数据越多，用来收集、处理和显示数据的工具越多，折中方案就越好。不要依赖你的直觉。系统架构是一门技术学科，而不是一个情感话题。

无论如何达成妥协，都必须要确保记录足够完善。这将有助于未来的决策，并且在必要时也可以作为供应商和客户之间的约束性文件。应该在系统架构文件中清楚地标明你是如何达成决策的，这也是系统架构师的主要工作成果之一。

2.5.2 工作产品和文档

我已经描述了大量关于工作产品的内容。现在我想总结一下最基本的部分，包括哪些是公司必须要做的，哪些是可选的。

当然，文档的详细程度和复杂程度取决于所处的项目阶段。然而，一般来说，系统架构设计的一个重要部分是记录一切。不仅要记录设计概念，还有达到目的的过程，包括审查、决定，以及为什么要这样做。这不仅对有朝一日对其进行追溯很重要，而且对与其他部门、供应商和客户的谈判也很重要。只有把所有的东西都写下来经过审查并签署，才可以使其具有约束力，这些都与业务直接相关。

一般来说，以下的主题和活动应该被记录下来。

（1）需求

正如在需求一章中提到的，这是一个重要的部分并且也是 V 模型的开始。如果需求管理系统是由供应商与客户共同开发的，那么需求就来自于客户。所有的对客户问题的回答、限制、偏差和假设都需要被记录下来。关于这些需求的研讨会、谈判、审查和决定等都需要通过一个书面协议的方式进行记录。并且，将需求分解成系统需求和子系统需求，甚至分为硬件、软件和其他功能领域的需求的过程可能也需要被记录下来。如果需求管理系统是供应商自己开发的，无论需求来自何处也都需要被写下来。在这种情况下，可能是产品管理部门或其他定义产品的人要负责此项工作。无论如何，从一开始就要明确需求。只有在开发阶段之前明确需求，产品开发才能顺利进行。需要注意的是，对于瀑布型的项目和敏捷开发的项目需求管理的具体做法可能会不同。本书的最后几章中会有更多的介绍。

(2) 设计

虽然，系统架构师的职责在不同的项目阶段中会有所差异，但系统架构师仍然需要对设计工作完全负责。在 RFI 阶段，设计工作的输出可能只是一组 PowerPoint 幻灯片中的方框图，并附有一些描述。在 RFQ 阶段，通常是以一个详细的概念作为交付物，这个交付物会成为未来进行项目和工作量估算的基线。在系统架构规范中需要涵盖上述所有的方框图和详细的概念描述。例如，拓扑图、系统框图、硬件框图、硬件布置研究、软件分区、机械、模拟、设计、接口和动态行为图等。所有与资源估计有关的东西，如 CPU 和带宽等也必须被记录下来。在开发阶段，系统架构规范是所有工作的基线，因此在开发过程中所有必要的细节都在其中体现。在开发阶段开始之前，该规范也是用于整个项目工作量估计的基线。特别是，对于不同模块或组件间接口的描述也是用于确定不同部门之间或供应商与客户之间工作边界的重要的依据。例如，次级供应商需要向系统交付的东西等。另外，决定采用了哪一种方案而不采用另一种方案的原因，以及谁参与了该方案的讨论等，都应该被写下来。

(3) 会议和研讨会

必须要确保审查和决策的过程也被记录下来。尤其是那些在客户和供应商之间的研讨会上产生的内容。可以使用一个专门的文件或公司内部的网络页面收集所有的会议所达成的协议和开口问题清单。

(4) 商业

RFQ 阶段的输出结果通常包含一份所有零部件的清单、物料清单，以及一份许可证清单。此时，必须对整个开发工作进行估算，但这通常不是系统架构师的任务。然而开发成本的估算反映了系统架构的商业方面。因为系统架构设计是工作量估算和成本计算的基线。

(5) 其他可选文件

在上面已经提到了一些对系统架构师的工作有帮助的表格和文件。例如，项目比较表、处理器系列比较表、技术/功能/平台列表，以及专家名单等。所有这些都将帮助系统架构师在设计阶段做出基于数据驱动的决定。

2.5.3 展示

如果你不能把一件事向一个六岁的孩子解释清楚，那么你自己也不了解它。
If you can't explain it to a six year old, you don't understand it yourself.

——阿尔伯特·爱因斯坦

理论物理学家 相对论的发现者

最后，当所有工作都完成的时候，你现在要做的事情就是出售你的产品——在公司内部解释你所创造的东西和原因，并说服相关的人。

如果该产品是对询价的答复，那么你可能需要在客户面前解释系统架构。这个工作是供应商对客户 RFQ 答复的一部分，有可能在客户那里进行。系统架构师应该负责 RFQ 答复的技术部分，并亲自介绍。根据客户的情况不同，展示活动既有可能是在同一专业水平上的介绍和讨论，也可能是对不太了解技术的人进行的介绍。系统架构师必须为所有可能的情况做好准备。

展示既是技术，也是一门艺术，有许多书籍和培训课程可供选择。我认为展示最重要的作用是传递信息，这些信息可能是技术内容、事实和数字、自身的卓越能力，也可能是任何对该次展示特别重要的东西。无论怎样，都需要事先考虑听众的情况，并做好相应的准备！向高层管理人员介绍详细的技术规格是没有意义的，反过来，向工程专家介绍高级别的战略也同样没有意义。

在这里，我想提到在我的职业生涯中对我有帮助的两点。第一点是与机构合作。一个不懂展示基础知识的工程师与一个专业 PPT 人员做的幻灯片之间的差别实在太大了。专业的 PPT 幻灯片有出色的语言、吸引人的图形、明确的逻辑顺序，而且还有工程师们想要展示的所有工程相关内容。如果你有预算，那就请专业人士来为你制作 PPT 幻灯片吧。

第二点是关于德波诺（De Bono）的所谓思考帽。请阅读他的 *Six Thinking Hats* [10] 一书来详细了解这个概念的细节。书中所描述的六项思考帽有不同的颜色，代表着不同的思维方式：

- 白帽：事实和数字。
- 黄帽：乐观的观点。价值和收益是什么？
- 黑帽：悲观的观点。哪里会出错，有哪些问题？
- 红帽：情感和感觉。
- 绿帽：具有创造力和机会的视角。
- 蓝帽：过程和结构。

现在考虑一下听你展示的听众。你怎样才能确保把信息传达给每个人？他们可能有工程师、经理、财务专家和质量专家等不同类型的人，各自都有不同的心理。你怎样才能触发他们，并让他们喜欢和记住你的东西？试着在你的展示中涵盖所有六种帽子，然后你就安全了。不仅要展示技术部分的事实、数字和过程等这些主要的东西，还要介绍好处、问题和机会。这将很好地总结你之前所介绍的内容，并提供一个全面的概述。请在展示中加入一些情感，也许通过讲故事的形式会效果更好。试试吧！

2.6 示例与总结

> 如果你能让一个组织中的所有人员朝同一个方向划船,你就可以在任何时候都能主导任何行业、任何市场、任何竞争。
>
> *If you could get all the people in an organization rowing in the same direction, you could dominate any industry, in any market, against any competition, at any time.*
>
> ——帕特里克·伦乔尼
>
> 经理人,*The five dysfunctions of a team* 的作者

现在,我希望你已经对系统架构设计有了一个初步的概念。我们已经涵盖了系统架构的原则,并讨论了设计过程的准备和执行。

前面仅仅完成了一个系统架构设计工作的草图。接下来,我们将通过一个例子来说明到目前为止所描述的内容并提供一些更实际的东西。

想象一下,你接到了一个任务,要领导一个任务组来改进三个汽车客户项目的开发工作。他们都使用同一种软件中间件来实现某一组功能,而且这些功能高度重合。这三个项目的时间表是基本并行的,而且它们都很关键。但是,中间件还没有准备好,导致给客户的交付有风险。管理层决定成立一个特别工作组来解决这个问题,成员来自多个部门,而且这个工作组独立于各个部门,任务是及时交付中间件。你应该如何开始呢?

2.6.1 步骤1:准备阶段

第一步是分析当前形势。真正的问题是什么?问题出在哪里?延迟在哪里,有多严重?各个项目的架构是怎样的?需求是什么?团队是如何组织的?不同团队之间的关系是怎样的?是否还有其他问题或策略值得研究?需要进行深入研究的方向至少要包括需求、架构、项目管理、流程和团队人员。

(1)需求

- 从相关人员处获得需求征询的文档。然后,仔细研究需求统计数据,并采访需求经理。让我们先做出这样的假设:你发现他们在需求方面做得很认真,所有的东西都被记录下来,并且与三个客户进行了清楚的沟通。然而,项目之间的沟通不多,同时也没有在中间件的功能描述方面相互沟通。

- 分析:每个项目各自的需求都很明确,但没有对项目之间的重用进行过调查。这可能是一个避免重复工作的机会,但这一点却根本未被注意到。此外,

还缺少一个如何能快速答复客户需求中关于中间件功能的过程，而且客户需求与中间件两者之间也没有明确的联系。这是导致误解和潜在信息丢失的问题来源。

■ 行动A：找一个好的需求工程师，给他分配一个任务，让他对三个项目进行比较，找到相似点和不同点。如果有必要，指派一个系统架构师来支持所有涉及的详细技术问题。

■ 行动B：从中间件团队中找到一位技术专家，让他将中间件的功能与客户的需求联系起来。

需求永远都是第一步。你应该知道你想要实现什么目标。如果客户项目的需求是明确的，并且重叠的部分已经被明确标注出来，那么你就可以将其与中间件的功能进行比较，发现哪些是已经有的，哪些是需要开发的。对于缺失的功能，需要开始讨论资源和责任问题。

(2) 架构

● 要求所有四方（三个项目和中间件）提供系统架构工作成果，包括系统需求规范、接口规范、系统架构设计文件（静态和动态行为）、评审中的检查表、关于决策的文件、显示团队沟通的文件，以及可追溯性和一致性记录等。让我们假设你发现一些框图都已经有了，但都是不同格式的。接口信息都已经被描述和指定。但各项目之间却没有被从全局进行协调。开发中间件的团队虽然已经做了一些努力，但他们陷入了关于谁对什么负责的讨论。

■ 分析：系统架构似乎是这里的一个问题。我们可以看到，系统架构设计对于正确的工作量估算是必要的。除此以外，缺乏项目之间的全局协调。这也意味着，平台开发战略的缺失，没有人负责检查项目之间的重用情况。尽管中间件团队有能力完成这个任务，但却没人给他们分配这个任务，而且他们的团队规模也不允许他们主动承担这样的工作。

■ 行动C：指派一名系统架构师在整合中间件的背景下对这三个项目进行协调。他应该创建一个包含功能、接口、系统影响以及整合的细节的概览。此外，他需要检查架构设计是否已经完成。行动A和B之中所开展的需求工作是本项工作的一个非常好的起点。

架构是其他一切的基础。只有有了架构，才能进行正确的工作包分解、正确的工作量估算、创建项目计划并评估概念和技术之间的重用。为每个项目创建一个系统架构规范是非常重要的。每个项目都必须创建一个系统架构规范，这个规范必须要涵盖所有重要的工作方面，如拓扑图、系统框图、硬件和软件框图、接口规范、性能分析、动态行为、法规、认证和机械设计的方案等。

(3) 项目管理

● 要求所有三个项目提供各自项目计划。检查每个计划中的中间件需要什么时候提供，具体的功能发布计划是怎样的，哪些版本的中间件是必要的，哪些功能是必要的。还要检查的是为整合中间件计划了哪些具体的工作。让我们假设，你发现他们都在谈论不同的事情，功能也不清楚，而且他们对中间件的架构都有不同的理解，整合中间件所需的工作量并不明确。唯一明确的是高层次的要求。项目计划是按照瀑布式开发的方法使用 MS Project 和 MS Excel 制定的。功能描述和发布的时间计划还没有与相关方进行清楚的沟通。

- 分析：计划虽然已经有了，但并不可靠，因为考虑了中间件整合的系统架构设计尚未被所有人清楚地理解。工作量的估算也是不正确的，或者至少是有风险的。有关功能描述和它们是否能够满足需求的详细分析还没有完成。此外，还有一些尚不清楚的地方，例如：哪些版本的中间件和功能是必要的，它们是什么时候开发的，以及整合它们需要多少工作量等。

- 行动 D：再次为所有三个项目创建一个清晰的系统架构设计，涵盖中间件和所有需要的功能。系统架构师要成为此项工作的核心。

- 行动 E：与项目经理一起对项目计划进行重新整理。对计划进行分层，从而展示每个项目和中间件各自的节点和里程碑，以及这些节点和里程碑之间的关联关系。其中的一位项目经理要负责创建一个主计划，这个主计划要能够完整地展示客户项目的里程碑和中间件发布的时间节点。

- 行动 F：开发团队要根据以上的结果重新估计开发工作量，以便更新计划。

● 要求各个项目提供中间件的计划，并对照上面的计划检查功能交付情况。假设你发现他们是在按照 Scrum 的框架在运行项目，但没有长期计划，无法给你准确的数字。他们都打算开发中间件的主要功能，但没有明确的里程碑说明何时交付。有些功能在计划中应该由其他团队开发，但其他团队却还没有明确的任务分配，而且还没有详细的时间计划。五个不同的团队共同负责中间件的开发，所有的工作都在 Jira 中使用了敏捷开发方法，如 backlogs、sprint backlogs、用户故事（User Stories）和问题单（tickets）。在过去的 12 个月中，各个团队的结构发生了很大变化，导致无法计算各个团队的开发速度。

- 分析：没有长期规划，也根本没有设置中间件及其相应功能交付的里程碑。有些功能的开发也根本没有任何计划。团队的设置有很多问题，任务之间的相互依赖关系没有被写下来。缺乏一个整体的软件架构设计和相应的开发计划。

- 行动 G：指定一个软件架构师和技术专家来负责各项功能，并让他们检查中间件和主系统架构实际情况。他们还需要创建一个详细的软件架构，涵盖所有相关功能。此外，他们还需要对工作进行分解，并据此重新估算工作量。

- 行动 H：指定一个项目负责人，确定每个团队的具体工作任务。创建用户故事并更新 backlog。估计相关 backlog 条目的工作量。根据目前的团队状态来估计团队的开发速度，并且根据完整的 backlog 创建一个计划。整个团队可能都需要参与到开发工作的估算中。

■ 行动 I：与架构师和项目负责人一起重新评估团队的设置。如果有必要，可以建议改变现有的团队设置。例如，可以将所有与中间件相关的团队整合到一个任务组中，以充分利用现有的资源。后续可以考虑建立一个规模化的 Scrum 团队（见本书的最后几章）。

■ 行动 J：使项目计划与中间件计划保持一致，并检查主计划中的关键路径和潜在的延迟。

■ 行动 K：在计划中增加更多的资源，从而消除项目中的延迟。如果增加资源无济于事，则减少任务。记住，有的时候是无法增加资源的。正如我的一位同事所言，"九个女人不可能在一个月内生下一个孩子"。当然，如果你要减少任务和功能，与利益相关者和客户的谈判是非常必要的。

在架构明确、工作任务包可以被清晰定义和估算之后，就需要改进项目的计划。下一步是看项目计划中的所有任务都已经指定了具体的人来承担或负责。

(4) 团队人员

● 要求提供组织架构图和所有可以合法收集的信息，即团队成员的姓名、地点、技能组合、角色和责任。将由此产生的能力与项目开发和中间件开发的当前任务进行关联。检查各团队的沟通是否高效，尤其是团队分布在不同时区时。让我们假设，你发现团队的能力和技能组合都很出色。然而，团队分布在全球多个国家，导致团队之间似乎存在一些沟通障碍。然而，这种全球化团队也有一些好处，即 24 小时都有人可以在工作，但这种好处却没有被充分利用。

■ 分析：在项目管理的调查中已经发现，团队设置有一定改进的空间。两个主要可提升因素是跨时区工作和团队之间的合作意识。这是因为失败的管理、误解、缺乏沟通和缺乏信任等原因共同造成的，这导致了团队之间缺乏合作和处于不利的情绪之中。

■ 行动 L：继续开展行动 I 中的头脑风暴活动，以改善团队的设置，但要将合作的主题融入其中。

■ 行动 M：与各部门经理和其他的利益相关者坐在一起，坦诚地指出整个团队缺乏合作的问题，并找到一种使团队团结起来的方法。可以考虑开展一些团建活动，并确保沟通问题在总体上得到足够多的重视。确定目标，并明确谁负责什么，以及谁取得了什么成就等。努力让每个人都参与进来，以确保整个团队中的情况都能得到改善，人员积极性得到提升。

■ 行动 N：在改善情况后，你应该检查资源是否全部到位，改进后的团队设置是否弥补了之前的任务延误。如果需要更多的人，请与管理层坐在一起讨论。

当然，行动 M 是最重要的一点，它是直线经理的事，而不是任务组组长或系统架构师的事。根据 Lencioni[11] 的观点，导致这样情景的一个潜在根源是团队和组织中的个人之间缺乏信任。因此，增加信任可以使其他一切都归于正常。

（5）流程

- 要求相关人员提供对开发过程中的流程的描述，包括发布、错误修复和功能需求等。让我们假设你找到了一个很好的关于开发流程的描述。各个项目组都在努力提升 ASPICE 的层级，并且已经进行了几次差距分析和改进的会议。但中间件团队已经落后了，并且没有一个明确的发布和分支的概念。版本和版本之间的兼容性看起来存在着问题。客户项目团队并不清楚如何整合中间件，以及需要多少工作量。
- 分析：客户项目团队在流程方面的情况并不差，但中间件的开发并不与之相一致。这个团队的一些流程非常专业，而且运作良好，但团队之间缺乏协同的基础。
- 行动 O：找到一个开发流程的专家，让他与 DevOps 和开发团队的领导坐在一起，讨论如何调整流程。
- 行动 P：启动差距分析，以调查中间件开发团队所处的 ASPICE 层级。

通过开展从 A 到 P 的所有行动，你应该已经对如何解决任务组问题的第一步行动有了明确的处方。一定要确保迅速地改进和完成在需求与系统架构方面的工作，以便为所有后续步骤打下坚实的基础。尤其是，你要尽快告诉管理层你关于计划和组织架构方面的分析结果与设想，依据实际的数据，与管理层就任务组的目标和时间框架进行协商。清楚地说明什么样的人需要参与这些工作，以及他们需要具备哪些技能、承担什么样的角色和责任，并就如何衡量任务组的成功标准达成一致。准备一个启动会议，然后就去实施。

2.6.2 步骤 2：执行阶段

现在，所要做的就是要执行以上所有列出的行动，看看整个任务团队是如何像一个成功的项目一样运行的。请记住我们在上面关于任务团队部分所讨论的内容。

至此，对于整个任务应该运行多长时间，或者当任务完成时需要输出的必要成果究竟是什么等这些问题，你应该已经有了明确的判断标准。让我们假设，你与相关方就所有任务的时间限制已经达成了一致：任务团队需要工作三个月，最终成果需要改进，项目计划已经能够清楚地表明如何处理和实现客户的里程碑。而且，关于当前情况和整体设置中应该改变什么的最终报告已经出炉。

一个前进的路径可以是这样的：

（1）启动

准备一些材料来展示团队的任务范围、时间和团队需求。邀请相关的经理、利益相关者，也许还有架构师和团队来介绍这些材料，让他们知道任务是什么，以及你现在需要一个团队来处理各种细节。确保讲述一个好故事，故事的听众不仅仅是管理层，而且还包括每个工程师。

（2）团队

接下来就是与团队和管理人员协商，确定谁是需求工程师、系统架构师和中间件专家等角色的候选人。你在准备阶段所识别出的所有角色现在都需要分配给确定的人。定义一个由一个项目负责人、一个系统架构师和一个需求工程师组成的核心团队。

（3）会议、协议和汇报的结构

与核心团队建立定期会议，并与他们制定协议和汇报的结构，并与管理层和利益相关者达成一致。

（4）完善

在首次的核心团队会议上，介绍和讨论调查结果和行动要点，并进一步收集团队的意见。还要将创建最终报告作为一个专门的行动点加入到任务清单中。

（5）行动

然后，就是分配任务和开展行动要点中的工作。你的项目经理应该把任务团队本身作为一个项目来看待，并像管理项目的任务一样管理每个行动要点。定义、估计和跟踪每件事情，并在每周会议上向利益相关者报告。

（6）目标

在整个活动过程中，一定要在脑海中明确最终的目标，并开始为这些目标而工作。你可以很早就开始创建主计划和最终报告，并在开展工作的同时不断地在主计划和最终报告中增加越来越多的细节。

当然，在执行过程中可能会发生各种各样的事情。最主要的是，开发活动绝对不应该放缓。团队已经陷入困境。如果你没有得到必要的资源，就应该尽快升级问题，更高的管理层会给你想要的帮助。另外，你可能还会发现，3个月的时间不足以解决所有的问题。就像类似的项目管理任务一样，制定出可能的方案，然后去找利益相关者，协商出最佳的解决方案。

根据我的经验，缺乏系统架构是项目状况不佳的最常见的根本原因。你在这个例子中也可以清楚地看到这一点。

2.6.3 步骤3：结束阶段

最后，3个月的时间结束了。让我们假设，你改进了项目的计划，组织的信心水平也提高了。你的任务团队在所有的行动要点上都开展了富有成效的工作。

根据事先制定的协议，项目取得了明确的进展，所有项目都已经圆满结束。所有采取的措施都与利益相关者进行了讨论，并得到了最后的签字确认，表明它们已经完成。这些都应该被记录下来，并添加到你的最终报告中。强烈建议在你的最终报告中添加一个章节，展示那些基于你的努力而发现的在未来需要完成的任务或进行的改变。因此，在本任务结束并开展新项目之前，创建最终报告是最后一步。

2.6.4 总结

在本书的这一部分，我介绍了电子产品开发的系统架构设计。我介绍了准备和执行阶段，最后用一个例子来展示一些更实际的内容。准备阶段主要包括需求管理和团队设置，而执行阶段则包括从系统层到组件和接口设计的完整设计过程。

我不时地提到了重用和对平台的需求。也许你已经对平台开发在这样的环境中可能起到的作用有了初步的印象。只要你的项目之间有一些相似之处，你就能找到可以重用的东西。如果有任何东西可以被重用，那么你就可以节省资源，而且工作的效率会更高。

在本书的第3章，我将深入讨论平台的话题，并进一步明确平台对于电子系统开发的意义。

第3章 平台开发策略

在本书的第2章，我描述了系统架构和设计过程的基本原则。我多次提到了平台开发和重用，我将在本章更详细地讨论这个话题。本章将讨论平台开发策略如何应用于电子系统开发，以及如何通过重用以提高工程效率和质量。本章主要涵盖了商业模型、上市时间、团队设置，以及平台如何成功或失败等几个方面。本章还包括一些技术方面的话题，主要是关于如何开发一个包含硬件、软件和系统组件的技术平台。让我们从定义开始。

3.1 定义

平台是一种结构，它将事物抬起来，事物可以立足于上面（图3.1）。平台开发就是创造这样一个结构，使事物能够立足，并有一个坚实的基础。平台开发策略是一种方法，其目标是为开发提供坚实的基础，从而使事物能够在其上立足并可重复使用。它既是一种策略，也是一种流程，目的是让每个东西只开发一次，但却可以尽可能经常地重复使用。此外，它还是一种通过创建标准化框架以提高工程效率和质量的策略。

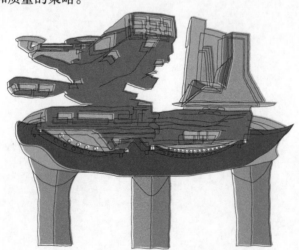

图3.1 三根支柱上的平台是坚实的基础

在这种情况下，平台开发并不意味着我们要开发一个单一的系统作为一个平台，而是我们在开发时考虑到了平台原则。是否具有平台思维，往往会导致巨大的差异。

让我们回到本书开头的那个房子的例子。让我们想象一下，我们想卖房子，而某种尺寸的小房子很有市场。建造房子的过程可以被分为几个步骤。首先，我们需要有一个想法，知道房子应该是什么样子的，应该有什么功能。建筑师需要绘制详细的图样和静态模型，以确保房子的各项预期功能都被包含进来，并确保在给客户交付钥匙时房子的质量达到标准。你现在需要做的是，首先找到能够交付或建造房屋部件的供应商，然后还需要内部人员进行设计来决定房子应该有哪些颜色和材料，例如窗户、楼梯、门和地板等。你可以看到，这个过程与电子系统的架构设计有很多相似之处。

如果我们想高效地将这些房子销售出去，我们要研究一下在哪些方面还需要做出更多的努力以满足当前的市场热点。那么，我们应该把钱主要花在哪里才能真正实现目标呢？我们还需要找出房子的哪些部分总是一样的，哪些部分需要定制。让我们假设，我们有三个需要重点解决的问题：建筑师、供应商和施工。

我们怎样才能优化这三点，使房屋的开发过程效率最高呢？我们可以创建一个永远不变的架构，但保持门窗等在每个具体的应用中具有可变性。因此，我们需要将门窗与其他房屋组件的接口进行规定，并设计一个可以根据客户需求改变门窗的方法。于是，我们只需要向建筑师支付一次费用。同时，我们可以只指定一个供应商来提供所有不同的门，这样一来，我们与供应商就会建立良好的合作关系，并因此获得很大的折扣。因为我们采用了平台化的策略，供应商可以以较低的价格来交付我们所需要的门，他也会愿意为我们定制开发一种门，以匹配我们的概念。因此，我们在价格和功能上都获得了好处。

最后，我们决定主要使用木材来建造房屋。我们可以在一个大工厂里预先制造所有的墙壁、地板和屋顶。这些组件可以采用完全相同的结构，但可以根据不同的客户需求而采用不同的颜色。因此，当主要部件被运到现场后，只需将墙体固定在一起即可。于是，一栋房屋就可以在 1 天内建成了。为了确保房屋及其中的一切都很牢固和稳定，墙体之间接口机制的设计需要集中我们所有最好的工程师。如果有人问你木屋的质量怎么样，你可以这样回答：我们已经建造了非常多相同结构的房子，所有的成长之痛都已经过去了！一定要确保质量达到必要的高度，并能够与传统房屋建筑相媲美。建造地下室的时候，也许你还可以采用传统的方式，以确保整个房屋拥有一个坚实的基础，然后在此基础上用你的新方法建造一切。

当然，这种建造房屋的方式已经是众所周知的，并且经常使用。我只是借此说明平台化开发的想法。

如果我们把目光转移到电子系统开发上,我们想用平台这个词来描述一种特定的思维方式:

1)在开发东西时考虑到重复使用。
2)开发的东西应该具有最大的模块化和可配置性。
3)开发标准化的框架,允许在其上构建遵循某些规则和接口的中间件和应用程序。
4)确保所开发的一切都可以组装成任何种类的新产品。

上述思维方式就像乐高(Lego)©系统⊖一样:包含有不同大小、不同颜色的标准化积木,以及一些专门的部件。通过标准化的框架设计,可以把所有东西按你的意愿连接在一起。如果你去乐高城看看,一定会有很多启发。要尽量确保你所设计的所有的元素都有很高的重复使用率。

平台开发策略也是关于创建参考系统的。证明组件和大局之间的相互联系,并确保组件在系统背景下真正发挥作用是非常必要的。最后,平台开发策略也关乎创建一个围绕开发、技术分配和组件维护的流程。此外,平台开发策略还会受到组织架构形态以及团队的思维方式等方面的影响。通常情况下,如果你要在一个组织中引入平台开发,就需要考虑变革管理问题。

平台开发策略听起来非常合理,而且很多公司都在以这种方式开发系统。但是,为什么在一个公司中引入它总是会面临许多巨大的挑战呢?答案将在下面的内容中揭示。

3.2 为什么是平台

无论策略多么漂亮,你都应该偶尔看看结果。
However beautiful the strategy, you should occasionally look at the results.

——温斯顿·丘吉尔爵士
英国前首相

法国厨房的三个秘诀是什么?黄油、黄油和黄油。平台开发的三个秘诀是什么?重用、重用和重用。也许这不是一个完美的比较,但下面讨论的主要内容是如何最大限度地重复使用以提高工程效率和质量。我们也会讨论什么时候重用更有效,什么时候无效。

⊖ Lego 是一家生产由联锁塑料块组成的玩具的著名的丹麦公司。

前面几章中的系统架构师总是在制造、购买或重用之间做出选择。这种选择是非常艰难的，需要认真平衡各种因素。最后，我想讨论创造重用的前提条件。我们需要投入多少时间和金钱，以后从重用中究竟能获得多少效率的提升？效率从何而来？是否能节省时间？是否能提高质量？一个可以被重用的平台的架构是什么样子的？什么是一个平台？硬件和软件组件是什么样子的？此外，这对流程和组织有什么影响？我们是否需要为平台开发建立专门的团队和部门？我们是否需要在公司里有一种特殊的思维方式，以使这种平台方法获得成功？

以上这些问题都很有趣也颇具挑战性。

一个公司通常在下列情况出现时才会开始考虑平台开发：

- 想提升开发效率。
- 想在不同的产品中拥有一致的质量。
- 想扩大组织规模，而一个团队做所有事情的模式已经行不通了。

在开始进行平台开发之前，建立一个所谓的 i.m.p.a.c.t. 分析是很有意义的。准确回答以下各问题是使其成功的关键：

- 投资（Investment）——开发平台需要多少钱？
- 市场（Market）——该平台的市场是什么样子的？它只是为了公司内部的原因吗？你是否也想将其对外销售？有哪些竞争对手和供应商？
- 人（People）——有哪些参与者？我们面对的是什么样的思维方式和文化？
- 活动（Activity）——现有的流程是什么样的，平台将如何改进它们？
- 客户（Customer）——谁是平台的用户和客户？
- 技术（Technology）——技术的细节是什么样子的？

这也类似于商业模式画布，在这个画布中，人们可以看出一个生意是否能够成功。

如果你已经调查了所有这些主题，并回答了所有的问题，你就应该对为什么要做或不做这个平台有了一个明确的答案。

你必须要明白的一点是，重用和标准只是关乎平台的技术方面。虽然，重用和标准会对效率和质量的提高有好处，但它也会带来挑战，比如你的工程团队目前的工作方式必须要改变。一个成功的平台也可以带来一个非常强大的产品。苹果的 App Store 就是一个成功的范例，苹果创造了一个标准化的开发框架，并围绕它建成了一个非常成功的商业框架。

下面的章节分为平台开发的商业方面、技术方面和组织方面。从商业方面来说，平台开发的目的被认为是为了赚更多的钱。从组织方面，我们将看到平台开发对组织的影响。最后，从技术方面看，我们需要知道如何创建一个平台。

3.3 商业方面

3.3.1 初始开销、回报和生命周期

创建一个平台的成本是多少？什么时候可以看到效率的提高？一个平台的投资何时才能真正开始产生回报？一个平台的生命周期是多久？投资回报可以维持多久？这些可能是工程管理中最重要的问题。开发一个平台到底有没有意义？动机是什么：工程效率、质量还是稳定性？产品什么时候可以上市？其他战略思想？政治因素？

为了回答这些问题，我们需要从工作量上入手对不同的开发方法进行比较。此外，我们需要明确我们正在谈论的产品组合是怎样的。

让我们先快速介绍一下商业模型计算（business calculations）。

3.3.1.1 商业模型计算

企业必须以盈利为目的，否则它就会死亡。但是，当任何人试图仅仅为了利润而经营企业时，那么企业也必然会死亡，因为它不再有存在的理由。

Business must be run at a profit, else it will die. But when anyone tries to run a business solely for profit, then also the business must die, for it no longer has a reason for existence.

——亨利·福特
福特汽车公司的创始人

在下面内容中，我会比较不同开发方案的盈利能力。为了在计算的时候能够保持一致，这里有一些基本定义。

变量

固定成本——这是公司在一年中的固定支出，不随产品和销售量变化。办公室租金或工资就是典型的例子。

可变成本——这是与你的销售量直接相关的成本，如材料或基于时间计算的工程服务成本。

销量——每年售出产品的数量。

价格——每单位产品的价格。

计算：

$$可变成本 = 每单位成本 \times 销量$$
$$总成本 = 可变成本 + 固定成本$$
$$收入 = 价格 \times 销量$$
$$利润 = 收入 - 成本$$

一般来说,我们对计算平台效益感兴趣的是以下内容:

$$利润 = 价格 \times 销量 - 每单位成本 \times 销量 - 固定成本$$

为了使计算过程尽可能简单,我们不考虑税收计算或任何其他事情。

然而,我们还需要考虑另一个因素,也就是这里最关键的一点——重用率,它以百分比的形式体现。

重用率——重用率表示的是一个定制项目中平台上重用内容的数量与平台上已有内容数量的比值。

50%的重用率意味着一个产品开发团队在一个100%的全新产品项目中只花费了50%的工作量,另外的50%是通过重用已经存在的东西而实现的,不需要任何额外的工作量。

现在我们已经为进一步的计算做好了准备,我们将从开发工作量开始进行计算。我们将首先定义开发方式,具体如下。

3.3.1.2 串行开发

在一个团队开始考虑重用之前,它通常会开发一系列的产品。当一个公司规模较小,一次只开发一个产品时,可能还没有进行平台开发的必要性。因此,可能只有一个开发团队在创造一个又一个产品。这个团队可能只是通过复制和粘贴的方式在重用他们在前一个项目中创造的东西。如果产品的差异非常大,甚至都不可能使用复制和粘贴的方法。我们把这种方式称为串行开发(Sequential Development),并假设它是一个开发团队进化过程中的第一个步骤(图3.2)。

图3.2 串行开发

3.3.1.3 串行开发的投入

让我们假设这个团队正在开发一个小型设备,它有一些接口、一个微控制器,也许还有一个用户界面。因此,他们需要设计硬件的原理图和布局图,并生产一个PCB。他们还需要为微控制器编写软件,设计一个塑料盒子将所有的东西都包装进去,并带有一些用于电源和用户接口的插接件。我们假设开发这个完整产品的硬件、软件和机械等开发工作之间的比例约为 2∶20∶1。例如，如果硬件开发需要 3 个人月的工作量，软件开发需要 30 个人月的工作量，而机械部分需要 1.5 个人月的工作量。因此，整体的开发工作量为 34.5 个人月。你会发现，在你的行业或公司中的各个项目都存在类似的比例关系。通常，这有助于进行高层次的工作量估算，或对不同部门提供的工作量估算数据进行核查。让我们假设，各种测试和验证工作都已经包含在这些数字中。这只是一个粗略的猜测，以便有一些数字可以作为讨论的基础。

如果你的公司正在按照上述的串行开发模式进行产品开发，并且你想每年推出一个产品，工程计划看起来非常简单：34.5 个人月分布在一年中意味着团队中有 2.875 名开发人员。其中大部分是软件开发。假设有两个软件开发人员，还有一个人负责做硬件和机械工程服务的供应商管理，假设没有沟通的成本以保持计算简单。我们还假设制造是外包的，相对成本率为 10%（即制造费用为物料成本的 10%）。

有了这三名工程师，每年可以开发一个产品，假设他们总是从头开始，没有重复使用以前的产品。如果他们从不使用相同的微控制器，而且接口总是不同，外壳看起来也总是不同。或者由于某种原因，每个产品都更换了开发团队。于是，每次产品的开发过程中，这三个工程师都不得不一次又一次地从头开始。

另一件要考虑的事情是物料价格（可变成本）。假设物料价格是 20 美元，当我们以 27 美元的价格出售产品时，每件产品产生的利润为 7 美元。产品的使用寿命为 3 年，我们每年可以在市场上销售 100 000 件产品。我们还假设你的工程师是架构师级别的，每人每月的工资约为 10 000 美元。在这里，我们也不去区分工资和公司的实际成本。我们还假设租用办公室与开发方式无关，因此不计算租赁费用。

对于其他部门，让我们假设如下：

营销/销售：一开始只有一个人，工资也是每月 1 万美元。销售费用和销售渠道的费用大约共占公司总销售收入的 10%（9.7%，来自 The CMO Survey，2018 年 2 月）。

管理：我们假设有一名经理，月薪为 20 000 美元。

为了简化计算，我们不考虑其他的事情，并进一步深入研究以下的成本细节：

第一年，投资阶段

工程师：3×120 000 美元 = 360 000 美元的年薪，用于开发第一个产品。

管理/营销/销售：1×240 000 美元 + 1×120 000 美元的年薪（无销售提成，因为公司还没有销售收入）。总成本：720 000 美元。

总利润：-720 000 美元。

第二年，第一个产品投放市场

工程师：360 000 美元，开发第二个产品。

管理/营销/销售：1×240 000 美元 + 1×120 000 美元 = 360 000 美元。

制造：每件 20 美元的 10% = 100 000×20 美元×10% = 200 000 美元。

销售：100 000 件，价格 27 美元，可变成本 100 000×20 美元，产生利润 100 000×7 美元 = 700 000 美元。

总利润：-220 000 美元。

第三年，第一个和第二个产品进入市场

工程师：360 000 美元，开发第三个产品。

管理/营销/销售：1×240 000 美元 + 1×120 000 美元 = 360 000 美元。

制造：每件 20 美元的 10% = 200 000×20 美元×10% = 400 000 美元。

销售：200 000 件，售价 27 美元，可变成本 200 000×20 美元，利润为 200 000×7 美元 = 1 400 000 美元。

总利润：280 000 美元。

第四年，第三个产品进入市场

工程师：360 000 美元，开发下一个产品。

管理/营销/销售：1×240 000 美元 + 1×120 000 美元 = 360 000 美元。

制造：每件 20 美元的 10% = 300 000×20 美元×10% = 600 000 美元。

销售：300 000 件，售价 27 美元，可变成本 300 000×20 美元，产生的利润为 300 000×7 美元 = 2 100 000 美元。

总利润：780 000 美元。

以上的数据计算过程总结在下表中。

项目		第 1 年 投资阶段	第 2 年 第一个产品投放市场	第 3 年 第二个产品投放市场	第 4 年 第三个产品投放市场
工程师	人数	3	3	3	3
	月工资	$120 000	$120 000	$120 000	$120 000
	总工资	$360 000	$360 000	$360 000	$360 000
管理人员	人数	1	1	1	1
	月工资	$20 000	$20 000	$20 000	$20 000
	总工资	$240 000	$240 000	$240 000	$240 000
营销/销售人员	人数	1	1	1	1
	月工资	$10 000	$10 000	$10 000	$10 000
	总工资	$120 000	$120 000	$120 000	$120 000

(续)

项目		第 1 年 投资阶段	第 2 年 第一个产品投放市场	第 3 年 第二个产品投放市场	第 4 年 第三个产品投放市场
制造	单件费用	—	$20 × 10% = 2	$20 × 10% = 2	$20 × 10% = 2
	件数	—	100 000	200 000	300 000
	总费用	—	$200 000	$400 000	$600 000
销售	单件利润	—	$7	$7	$7
	件数	—	100 000	200 000	300 000
	总收入	—	$700 000	$1 400 000	$2 100 000
总利润		− $720 000	− $220 000	$280 000	$780 000

我们在这里不考虑任何工资增长,并假设这一切都在成功运行,没有任何问题或额外费用。这是非常理想的情况,实际中并不存在,但我们只是想用这些数字来与平台开发进行比较(图 3.3)。

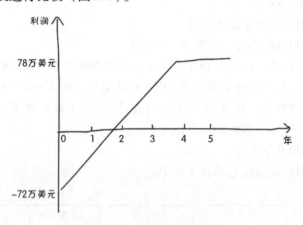

图 3.3　串行开发的利润增长

在以上的计算中,我们假设总是有三种产品并行存在,不但把其他一切都排除在外,并假定所有的费用都是固定不变的。至此,我们可以看到从第四年开始,公司每年的总利润不可能再进一步增长,因为每个产品的生命周期为 3 年。

3.3.1.4　并行开发

现在,我们假设公司的业务很成功,项目的数量在增加,因此许多项目需要并行开展。这意味着不同的团队需要在不同的项目上并行工作。团队之间的重用取决于几个因素。如果团队分布在全球各地,而且他们都想重新开始创造新的东西,这对重用而言是相当大的挑战。因为,他们做的事情都是从头开始,在反复地发明车轮。这种情况往往发生在一个公司的业务取得成功、项目数量增加,而且产品和客户遍布全球的时候。或者,这种发展模式也有可能是公司战略刻意选择的。我们把这种模式称为并行开发,并假设它是开发团队的第二个进化阶段(图 3.4)。

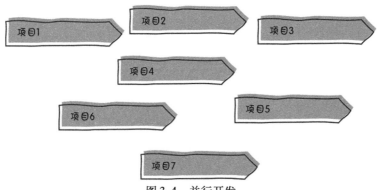

图 3.4　并行开发

3.3.1.5　并行开发的投入

让我们快速进到这种情况:你的公司仍然在开发与串行开发阶段类似的产品,但团队已经分布在全球范围内。你有坚实的市场份额,越来越多的事情在并行开展。你正在以疯狂的速度扩大你的公司规模,无论是通过雇佣更多的工程师,还是干脆收购其他公司,目的都是扩大你工程开发团队的规模和产品种类的数量。你正处于上述的并行开发模式。

我们假设你还没有机会去定义全球标准。虽然你已经有了一定的平台思维,但还没有开始实施真正的平台开发。假设你在全球有 27 个工程师,他们都在为类似的产品工作,而且工作量也基本相同。他们由三位经理分别管理,市场和销售费用约占销售收入的 10%。你共有 27 个产品在市场上销售,它们的寿命也是 3 年。我们在这里再次尽可能地简化,以便能够比较不同的开发方法之间的差异。

让我们假设你的公司已经有了 10 年的历史,所以不用再考虑初始投资。假设工程师的月薪仍然为 10 000 美元。根据前面所做的假设,当前的成本与收入的计算结果如下:

第 10 年,并行开发,27 种产品

工程师:$27 \times 12 \times 10\,000$ 美元 $= 3\,240\,000$ 美元。

管理层:$3 \times 12 \times 20\,000$ 美元 $= 720\,000$ 美元。

制造:每件 20 美元的 10% $= 2\,700\,000 \times 20$ 美元 $\times 10\% = 5\,400\,000$ 美元。

营销/销售:约占收入的 10% $= 7\,000\,000$ 美元。

销售:2 700 000 件,售价 27 美元,可变成本 $2\,700\,000 \times 20$ 美元,带来利润 $2\,700\,000 \times 7$ 美元 $= 18\,900\,000$ 美元。

总利润：2 540 000 美元（图 3.5）。

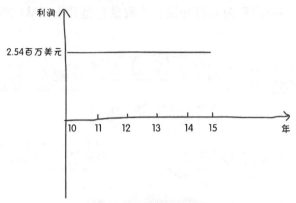

图 3.5　并行开发的利润

与上述的串行开发方法相比，该公司已成功地将规模扩大，并将其利润从近 80 万美元增加到约 250 万美元。同样的，这也是一个简化的计算。

然而，我们如何才能赚取更多的利润或以更高效的方式发展呢？我们怎样才能提高整体开发水平？让我们来讨论一下平台开发。

3.3.1.6　平台开发

第三个进化阶段是平台开发。这种情况下，通常由一个中央团队（平台开发团队）负责开发和管理所有项目的重叠和通用的部分，并负责将这些部分交付给客户项目的开发团队。客户项目的开发团队负责根据项目所进行的定制以及最终的发布！例如，平台团队需要创建平台版本的发布计划，这个计划需要与相关项目对项目里程碑和功能的需求达成一致。客户项目开发团队可以根据自己的需要来选择最适合自己的平台版本（图 3.6）。

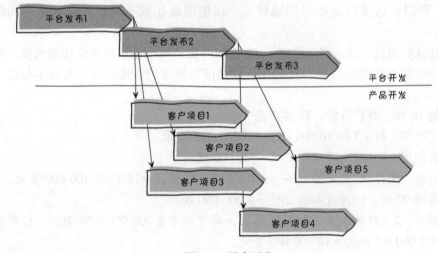

图 3.6　平台开发

这种策略可以确保最大化的重用。所有可以重用的东西都由平台团队集中开发，通过在平台中加入客户项目的特定需求，客户项目被整合到了平台中。这种模式中颇具挑战性的一点是如何确保所有客户的里程碑和平台产品发布的里程碑都能得到满足，并且平台发布的内容能够满足所有客户项目的需求。

平台团队的规模也很关键，他们承担了大部分的工作，应该有合适的人员配置。否则，客户团队就无法及时得到他们所需要的东西，并可能想要不再使用平台开发的模式，从而导致平台开发模式的失败或效率低下。此外，处于平台团队和客户项目团队之间的项目管理团队，必须是高度结构化和纪律严明的。这一切的目的都是为了保证及时交付。尤其是在汽车行业，SOP⊖的日期是最重要的，守住里程碑对于所有人来说都是高于一切的任务。

3.3.1.7 平台开发的投入

在前面所述的并行开发的模式下，工程师们很快就想出了改进的办法，没有人希望重复发明轮子。对他们来说，把精力花在实现一些已经存在于公司其他地方的东西是非常不明智的事情。

因此，有两件事需要做：①重组全球工程团队；②按照平台思维的方法创建架构。哪一个先进行呢？让我们看看下文。

管理团队有两个目标：要么优化工程效率以减少员工数量，从而可以以更少的工作量获得相同的结果和更好的利润。要么实现在团队规模不变的情况下产出更多，以及上市时间更短。我们追求增长，但希望保持工程团队规模不变。

假设我们有三个不同的开发地点，如美国、德国和中国。我们仍然希望拥有相同数量的工程师，而且我们准备为平台模式进行投资。于是会产生一些初始开销。假设我们在每个地方有三个团队，总和为 3 × 3 × 3 = 27 名工程师。我们的目标是将工作量减少到 50%。我们希望在两个地方有纯粹的产品开发，在第三个地方有一个平台团队，用一个额外的团队来开发关键的平台组件和参考系统。我们还假设每个产品开发地点有一名平台集成工程师。因此，我们需要四个团队来覆盖所有产品。当平台团队负责开发所有的关键组件时，每个地点的团队就能够并行开发至少 9 个产品，于是，三个地点一共可以并行开发共 27 种产品。

我们还假设，平台团队由来自每个专业领域的一名工程师和一名项目经理组成。他们需要大约 1 年的时间来开发平台，在此期间，我们用外包人员来暂时代替这三名从专业领域中抽调出的工程师，以保证当前的开发持续进行。

第一年，为平台开发作准备

管理层决定投资于平台开发模式。工程部门承诺用三名额外的工程师来完成，他们需要 1 年的开发时间，与常规的产品开发工作周期相同。为了创建平

⊖ SOP（start of production）——开始生产。汽车制造商开始在其工厂生产特定新车型的时间点。

台，我们把最好的硬件、软件和机械工程师从全球团队中抽出。空缺的职位由外部承包商来填补，费用稍高一些，如每月 11 000 美元。还需要聘用一个合同制的项目负责人，工资为每月 15 000 美元。一个技术作家（译者注：负责文档相关工作）在平台启动前不久加入，每月费用约为 8 000 美元。此外，一个负责工具和集成的团队也是必要的，这还需要额外的三名工程师。请注意，以上数字只是为了示例的计算而假设的。

我们假设三名额外的工程师需要 3 个月左右的时间来真正进入角色。因此，平台的开发需要从帮助这三个工程师进入角色开始。

此外，我们准备在一年后推出该平台。比较好的过渡可以参考如下步骤：

- 在平台启动前 6 个月，你又雇了 3 个外包人员来承担工具和整合的工作。他们被整合到每个地区的开发团队中，并用 3 个月的时间来提升能力和熟悉工作内容。

- 在平台启动前 3 个月，这 3 个外包人员都已经能够完全独立工作。在每个开发地点各选出三名工程师作为平台整合专家，他们加入平台团队后，要经过快速培训，以胜任平台开发工作。这些额外的 9 个人月也属于平台开发中的开销。

- 另外，在平台启动前 3 个月，你雇用一个技术作家来负责创建相关的技术文件和培训材料。经过培训后他在启动前 1 个月做好了开始工作的准备。

- 在平台启动前一个月，为了提升全球团队的平台开发能力，你开始对他们进行密集的培训。这让开发进度稍微放慢了一些，比如说放慢了 0.5 个月。

目前，公司仍然能够并行地开发和生产所有 27 种产品，但你有了 6 名工程师、一名项目负责人和一名技术作家带来的额外成本开销。

为了与上面的开发节奏同步，我们假设前三名工程师花了 3 个月的时间用来提升能力。这增加了 3 × 3 × 11 000 美元 = 99 000 美元的成本。整体利润从 254 万美元下降到 244.1 万美元，大约是 3.9%。

第二年，开始平台开发

在第二年，三名外包工程师和项目负责人全职工作，内部平台团队已经开始开发。其他三个负责工具和集成的外包工程师在 6 个月后开始工作，全职工作半年。技术作家在 9 个月后开始全职从事文档工作。这导致了以下费用：

```
    1 × 12 × $15 000      项目负责人
  + 3 × 12 × $11 000      承包商工程师，开发
  + 3 ×  6 × $11 000      承包商工程师，工具和集成
  + 1 ×  3 × $ 8 000      技术作家
  ─────────────────
  = $798 000
```

利润从 254 万美元减少到 174.2 万美元，相当于损失近 31%。这是很明显的

损失，需要公司高层通过明确的战略进行支持。

第三年，提供平台

第一代平台已经完成，并准备将其整合到产品中。假设平台的重用率为50%。由于培训和平台的推广工作，正常的产品开发已经被推迟了 0.5 个月。

该组织需要在全球工程团队中稍作调整，以应对平台推广工作。比较好的过渡可以参考如下步骤：

- 在推出平台时，整合专家回到他们原来所在的地点，以支持整合工作。
- 此外，团队需要重组，以便能够整合和配置平台的内容。这意味着你在每个地区有一个硬件团队、一个软件团队、一个机械团队和一个集成团队，以确保工程团队有能力整合和配置平台内容，也能将客户的特定内容加入其中。让我们假设，这些活动将使整个开发再推迟 0.5 个月。
- 为了安全起见，你要保留这三个平台工程师，用于处理功能增加、变更请求和错误修复，以及整年的维护工作。此外，项目负责人继续处理各种问题和变更的管控。
- 为整合工作提供人力补偿的三名外包工程师可能需要再继续工作 3 个月，以便有一个过渡时间，之后再逐步减少。
- 一位专门的工具专家正在从事开发工具和 IT 相关工作，是平台团队的额外承包商，工资为 11 000 美元。
- 技术作家已经创建了一个坚实的文档基础，可以交给内部工程师进行渐进式变更。在第三年，他可能继续工作 5 个月，直到合同结束。

第二年来自外包商的服务费用总和如下：

```
  1 × 12 × $15 000        项目负责人
+ 4 × 12 × $11 000        承包商工程师，开发和工具
+ 3 × 3  × $11 000        承包商工程师，整合
+ 1 × 5  × $8 000         技术作家
= $847 000
```

此外，由于培训和重组，新产品的推出也有延迟。也就是说，损失了 9 个新产品的 1/12 的利润：9 × 700 000 美元/12，即第三年损失了 525 000 美元。

既然搞平台开发要投入这么多的钱，那么我们究竟能从平台开发中获得多少收益？平台究竟能有多少东西可以重用？这些重用如何体现在利润数字中？

在这里的计算中，我们假设重用率为 50%。这意味着每个项目中 50% 的内容是来源于平台开发的，而另外 50% 属于项目的定制部分。因此，在每个项目中，我们都可以节省 50% 的工程成本，这些人就可以从事其他的工作了。我们的常规产品工程师团队仍然由 27 名工程师组成，如果我们减少 50% 的工作，意味着可以节省的工程成本为：27 名工程师 × 12 个月 × 10 000 美元 × 50% =

1 620 000 美元。

本年的整体利润减少了 847 000 美元 + 525 000 美元 = 1 372 000 美元，从 2 540 000美元减少到 1 168 000 美元，相当于减少了大约54%。同时，我们获得了162万美元，增加到278.8万美元，这相当于整体利润增加了约10%。如果你解雇了一半的团队，就节省了工资的成本。或者，你有13.5名工程师可以自由地从事其他工作，从而创造了另一个收入来源。这些都会增加你的利润。最后，你也可以利用这些免费的工程师来加速你的开发，从而让产品的上市时间更快。我在后面会再次探讨这一点。

第四年，平台维护

此时，平台的成熟度已经提高了，平台的开发团队可以减少到一个纯粹的维护团队的规模。我们假设将其减半。我们还假设，在此期间，开发延迟会被我们通过平台重用获得的免费资源所补偿。因此，平台的工作量减少到大约35万美元，这是唯一的减少因素。利润计算如下：

$$\$2\ 540\ 000 - \$350\ 000 + \$1\ 620\ 000 = \$3\ 810\ 000$$

大家可以看到，在项目数量没有增加的情况下，平台开发与纯粹的并行开发相比增加了50%的利润。而且，如果考虑到一半的团队正在开发新产品，总体利润还会继续增加。因此，上述计算实际上是假设团队减少了一半时的情况。

如果我们假设团队中的另一半人能够创造并行开发时250万美元一半的利润，就可以在利润计算中再增加125万美元：

$$\$3\ 810\ 000 + \$1\ 250\ 000 = \$5\ 060\ 000$$

这相当于增加了将近一倍的利润！我们完全可以预期在3年的平台开发周期结束后，可以有12种或13种新产品被开发并投放市场。当然，以上是一个理想情况，并没有考虑诸多的其他因素。

在较大的公司里，我们通常不会讨论整个工程团队，而只限于某些项目。采用平台开发的模式，可以使用较少的工程师就取得相同的成果，收益是非常明显的。图3.7展示了利润的变化趋势，虽然头两年的利润有所减少，但从第三年开始就会看到平台开发带来的明显好处。

从这些计算中，我们可以学习到什么呢？

- 最重要的因素是重用，它在整个计算中产生了最大的影响。下面，我们将在进一步的图表中看到，如果重用率在10%~90%之间变化，计算结果是如何改变的。

- 一个经验法则是，如果最初投资一个额外的开发团队，使时间翻倍，就能使整体利润增加。

然而，一些强烈的依赖性需要进一步讨论。如上所述，我们想改变重用因素，看看与初始状态相比，它对 6 年后的整体利润有何影响。让我们以 6 年为单位，因为这样一来，免费的工程师有 3 年的时间来开发全新的产品并将其推向市场。

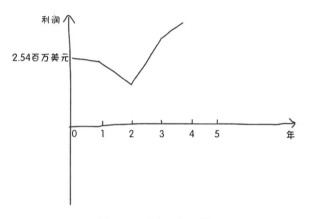

图 3.7　平台开发工作

如上所述，初始利润为 254 万美元，根据重用率从 0.1 到 0.9 的变化，可以得到如图 3.8 所展示的与初始利润相比的利润增长百分比。

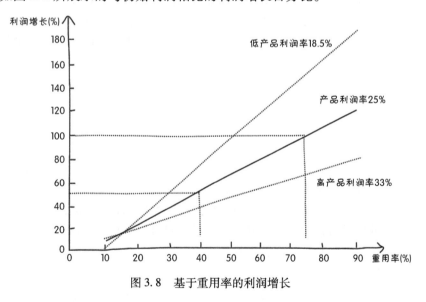

图 3.8　基于重用率的利润增长

可以很容易地看出，利润是以线性比例增加的。0.74 的重用率使利润翻倍，而 0.4 的重用率可以使利润增加 50%，这个数字在平台和技术上是可行的。线性曲线的梯度取决于产品利润率，也就是每个产品的利润。可以看出，平台重用对低产品利润率的产品比对高产品利润率的产品起到的作用更大。

这些数字当然只是趋势性的。平台开发的总体工作量需要仔细地估算。根据我的经验，采用平台思维进行开发的额外工作量为大约10%。

3.3.1.8 生命周期

还有一点必须考虑，即平台的寿命。在上面的计算中，我们假设产品生命周期为3年。因此，平台大概的寿命也为3年。这意味着在最坏的情况下，我们需要每3年再重复一次平台开发。同样从资源利用的角度来看，在最坏的情况下，我们也应该继续利用平台开发团队，让他们在完成一代平台后，立即开始下一代的开发，或者他们可以不断地更新平台中的组件。

假设我们持续地进行平台开发，有一个单独的团队不断地为平台工作。与上面的计算不同的是，额外增加的工程师是长期雇佣的，而不是来自于外部承包商。为了具有可比性，我们假设平台的重用率仍然为50%。此时，四年中的总利润为10 700 000美元。虽然比上面采用短期平台开发团队的时候所获得的11 590 000美元利润稍微少了一点，但仍然是一个很大的增长，其中的大部分来自于对新产品和收入的再投资。这意味着，在任何情况下，投资于一个不断开发平台组件的平台团队都会得到回报。

3.3.1.9 维护工作

平台的创建、发布和交付等均离不开持续的维护工作。错误修复、变更请求和功能更新必然会持续发生。如果每个人都在使用这个平台，需求就会不断增加，错误修复当然也会持续。因此，需要有一个平台维护团队，但维护也必然要产生成本。

对于平台的维护，我们需要将其分为不同的级别，不同的级别在维护方面的投入和管理方式也是不同的。通常可以分为：新功能开发、变更，以及进行错误修复、培训和集成支持方面的纯粹维护工作。

- 持续增长——应用在平台需要持续进化的情况。例如，软件需要被移植到新的处理器上，或者需要不断地集成最新的关键技术，从而带来框架的改变。这种情况下，或多或少都需要整个平台开发团队持续进行平台的更新。

- 维护——如果你能在一定时间内冻结平台的功能和架构，纯粹的维护就足够了。新的技术可以根据一个确定的标准被整合进平台。此时，只需要保留一个小团队来进行某种程度的支持和培训。

3.3.1.10 自动化

对于平台开发而言，自动化的工具和流程是必要的，根据平台开发的影响范围的大小，其重要性略有不同。通常情况下，在软件开发中的编译和测试活动是最应该实现自动化的。一个平台越受欢迎，维护平台所需的工作量就越多。为了减少在维护方面的工作量投入，可以通过投资于工具来提高自动化程度。否则，平台团队的工作量可能会不断增长，甚至达到不可控的程度，从而导致越来越多的交付延迟。然后，大家会认为平台开发的方式太缓慢，管理层也会逐渐失去耐心。

3.3.1.11 持续开发

上述结果表明，一个平台在完成开发后主要有两种发展的可能性。

1）冻结平台架构和功能，保留一个小型平台团队进行维护。这个团队负责修复错误，提供集成支持，也可能根据工作需要增加小的功能。这种可能的前提是，产品组合（portfolio）和技术允许架构在一定时间内保持不变（图3.9）。

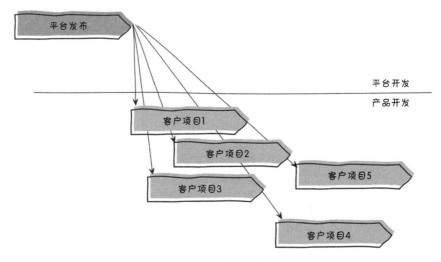

图3.9 冻结平台发布

2）产品组合和技术在持续变化，从而需要持续更新平台并增加新功能。平台团队仍然需要保持稳定，并可能被分为两个团队：一个核心团队负责不断地更新平台及其功能，另一个维护团队负责集成支持和错误修复（图3.10）。

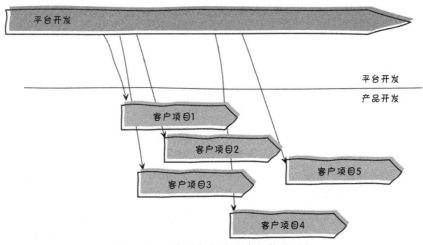

图3.10 不断进行版本发布的持续开发

在平台持续发展的过程中，平台发布的节奏必须是明确的，以确保客户项目能够保持与平台计划的协调一致。

然而，以上就是开发模式演变的终点吗？开发模式的下一个进化阶段可能看起来像一个开源的模式。

3.3.1.12 开源开发

开发模式的第四个进化阶段是向公司内部的开源模式迈进。这意味着平台的开发标准和管理已经足够强大，工程师们只需使用该平台并尊重它。公司内的工程团队的每个人都可以为开源模式做出贡献，平台团队仅由一个架构师和审查员组成，用以确保工程师们能够遵守平台的标准，系统不被破坏（图3.11）。

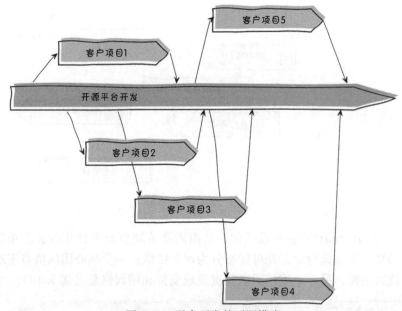

图3.11 平台开发的开源模式

3.3.2 上市时间

创建一个平台的另一个好处是加快产品的上市时间。想象一下，新产品50%的设计、实施、测试和文档工作已经提前完成了。与开发100%的产品相比，配置平台和开发另外50%产品的时间要短得多，工作量也小得多。

我在汽车行业的经验是，在RFQ阶段，如果一个人带着已经完成50%工作量的产品出现在客户面前，就能给客户留下深刻的印象。如果客户能看到他们心目中的那个高度复杂的系统已经在一定程度上实现了，他们就会非常兴奋，你赢得这个项目的机会就非常大。当然，一个前提条件是你对市场的走向和客户的需求都有相当好的了解，包括哪些功能、技术、处理器、协议和接口即将会在行业内出现。只有这样，才能使你有机会在客户提出要求之前就预先开发它们。

在其他行业，如消费类电子设备，率先进入市场总是至关重要，其产品开发周期往往在6～12个月之间，而汽车行业的产品开发周期往往长达3～4年甚至更长的时间。

在上面进行的计算中，我们假设每个产品都有相同的开发周期：1年。然而，我们也完全可以利用效率的提高来加快产品的发布时间。

我们看到，在重用率为50%的情况下，一半的团队成员可以从事不同的工作。这当然也可以将开发时间减少一半。

因此，总结起来，在如何有效利用平台开发效率提高成果方面，我们有如下三种不同的选择：

1）解雇一半的团队成员，节省工资的成本。

2）将一半的团队成员用于新产品开发和其他收入来源。

3）使用完整的团队来加快产品发布，并向市场推出两倍种类的产品。

选择2）还是3）取决于公司的产品和市场，以及公司的战略。如果你正在考虑发展你的公司，第一个选择可能是最没有吸引力的。在这里，我个人也绝不希望由于平台开发的实施而导致某些人员被解雇。

因此，为了加快产品进入市场的速度，存在两种选择：

1）建立平台开发模式，利用免费资源加快开发速度。

2）开发一个具有关键要素的平台，并对未来的产品范围进行良好的估计，以便在第一个客户提出要求之前就已经完成一些工作。

3.3.3　商业平台

今天，平台这一名称经常被用于如亚马逊和Facebook等的商业平台。这里的一个要点是，有人创建了一个人人都在使用的系统。这个平台以集中和标准化的方式连接了供应商与客户，或只是一些人。平台的所有者通过创建一套规则和合同，可以从平台上发生的每一笔交易中获得很大一部分，或者直接收取价格的固定比例，或者通过收集客户的数据间接获得好处。

苹果公司的应用程序商店（AppStore）是一个很好的例子，它比较接近上述的平台方法。苹果公司为应用程序创建了一个标准化的软件框架，并为那些想为苹果应用程序市场做出贡献的人建立了一个审批程序。苹果公司拥有完全的控制权，并向每一个发布的应用程序收取费用。当然，这些平台的另一个作用是在其使用过程中获取了大量的数据。亚马逊可以对消费者的购物行为进行统计，并运行机器学习算法，从而产生一种全新的经营方式。此外，个人客户在生活的各个领域都变得越来越透明。亚马逊可以将一个用户与数以百万计的其他用户进行比较，进而制定策略以销售更多产品。拥有这样的数据已经是今天生意成功的关键。如果需要看更多的例子，请阅读 M. E. McGrath 写的 *Product Strategy For High Technology Companies* 一书[12]。

本书描述的平台方法主要是指公司内部用于提高工程效率和开发结果质量的方法。然而，如果你的方法在内部非常成功，以至于你认为其他公司可能对使用你的平台感兴趣，那么你可以把它作为一个产品出售。然后，你就有机会实施更多的策略，如创建一个行业标准，主导一个市场，应用新的商业模式，以及采用数据收集等。

至此，我已经完成了对平台的商业方面的描述。正如我们已经看到的，如果你已经有了一定数量的产品，引入平台开发是有益的。另外，重用率是使平台开发在商业上具有吸引力的最重要方面之一。接下来，让我们从技术角度看看平台开发意味着什么。

3.4 技术方面

3.4.1 关键部件和参考系统

平台开发的技术方面涉及架构、框架、技术、组件、标准和流程，以创造重用，达到提高效率和质量的目的。

让我们想象一下，我们处在汽车行业，我们的目标是多媒体主机市场。我们希望为导航、多媒体、办公、电话和连接等领域开发关键组件。这些组件可能主要集中在软件方面。我们还想开发硬件组件，如电源、处理器和内存、接口、显示器、音响功放等。这些组件都是由几个模块和组件组成的子系统，既可以是硬件组件，也可以是软件组件，或者是二者的结合。

一方面，平台开发要应对模块化的调整；另一方面，则是来自于参考系统。对于平台而言，最重要的是要确保所有的关键组件在一个完整的系统中能很好地协同工作，并为它们提供坚实的基础。我们必须向组织的其他成员和潜在客户证明，所有的系统组件都是可以被信赖的。证明的方式可以是在参考系统中体验或看到这些组件的工作效果，因此，这个参考系统必须经过一定程度的测试。这个参考系统既可能同时涵盖所有组件，也可能是涵盖了几个不同产品级别、客户群或芯片组系列的系统。

最后，为了以标准化的方式开发平台组件，某些流程是必要的。这个流程必须非常明确，并与所有接收组件的部门保持一致。然后，还需要有需求工程、项目规划、发布、分发、变更、监测，以及技术维护的流程。为了支持平台元素在公司的发布，需要一个由项目经理、现场应用工程师和工具开发人员组成的团队。

因此，平台开发由三个主要部分组成：关键部件的开发、参考系统的开发以及围绕它们的流程。这三个要素都有许多依赖性，应该由一个部门的一个组织来统一负责。这将使沟通路径更短,并尽可能地避免交接。所有从事关键部件开发工作的工程师也必须确保这些部件在参考系统中工作正常,这将大大增强他们的主人翁意识。所有人都应该按照流程以标准化的方式工作。

图 3.12 展示了平台开发的关联方以及组织架构的可能的样子。图中的创新和技术部分来自平台组织的外部,但这并不是必需的。创新和关键组件也可以在同一个部门内,这取决于组织的规模,以及关键组件的特点。创新和技术开发工作究竟如何归属需要根据实际情况分别讨论,取决于公司规模、产品组合、业务和行业。

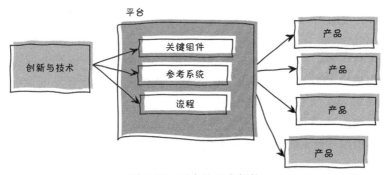

图 3.12　平台的基本部件

图 3.12 还显示,产品开发并不属于平台开发,这种划分通常是必要的。平台部门负责创建具有高重用率的通用功能,所有的定制部分必须在产品开发部门完成。平台团队并不能管理所有的小细节和适配工作,这些需要在平台之外的产品开发中管理。然而,平台方法必须是可配置的,并有足够的适应性,以涵盖产品开发的所有要求。或者,平台可以被扩展,以便可以很容易地增加客户指定的元素。同样,这取决于公司规模、产品和市场等诸多因素。还有一种可能,由平台团队负责将他们的组件整合到最终产品中。

那么,平台还有什么特点?有哪些东西能够使一个平台取得成功呢?

首先,它需要易于使用。对于开发人员而言,他们应该很容易就能够理解自己如何在框架中和平台上进行开发。为此,各种清晰的、易于使用的模板和例子必不可少,其目的是确保所有想要为平台做出贡献的开发者都能够快速入门。此外,还需要提供一套适当的培训材料,这也是流程的一部分。

第二,利益相关者和技术传道者必须努力推广该平台,从而促使其他人愿意接受并使用平台。新事物的推广总需要一定的牵引力和动力,这涉及公司里的流程、组织,还有政治因素。

第三,它需要易于配置,以便可以基于平台来产生许多产品。平台需要同时吸引开发者、第三方供应商、客户和消费者。定制的过程需要尽可能简单。最后,该平台的功能必须能够满足客户项目的大部分要求。这些都是技术方面的问题。

综上所述，我提出了我的平台开发的四项原则（图 3.13）：

1）重用（Reuse）——这种类型的平台的主要驱动力是重用，这可以提高效率和质量。

2）简单（Easy）——平台需要易于使用，易于配置。

3）推动力（Momentum）——平台需要具有足够的推动力来吸引开发者、客户和供应商。

4）合适（Fit）——平台需要适合未来的产品和技术组合。

在接下来的技术方面的讨论中，我们将通过 V 模型讲解开发所需的工作。

3.4.2 平台需求

让我们先来看看平台的需求。在这里，我们也将遵循 V 模型的方式首先描述我们想要实现的目标。我们如何知道什么需要成为平台的组成部分呢？我们想用平台来覆盖哪些需求呢？

答案如下：需要对过去的产品、未来的产品、潜在的新技术和创新有一个好的概览。然后，使用如本书第 2 章所提到的那种项目比较表来找到所有这些产品之间的相似之处。通过在表格中列出所有硬件、软件和系统的高层特征，能对当前

图 3.13　平台开发的四项原则

和不久的将来所需要的东西形成一个概览。从 RFQ 和 RFI 中可以获取目前正在开发的产品的所有数据。此外，看看预开发部门现在正在开发什么。这些东西也许会让你对平台有一些特殊的要求。此外，调查市场上正在发生的事情——在供应商和竞争对手的路线图上哪些技术已经是可用的了。所有这些内部和外部的研究会让你对所创建的下一代产品的大致形态有一个概览。找到它们之间的相似之处，并围绕这些相似之处创建一个架构和框架。框架必须是模块化的、可配置的、可扩展的，并且易于使用。这种方法可以确保未来的需求被尽可能地涵盖。所有这些功能的重叠部分，构成了平台的基础需求，可以成为平台设计的基础。让我们详细地研究一下哪些东西可以被重用。

3.4.3 组件的重用

重用的可能性有多高？平台的哪些技术和关键组件是可以重用的？上述关于重用率的终极问题是：你应该在哪里画线？什么是属于平台的，什么是属于产品的？重用率会带来哪些效率的提高？

3.4.3.1 重用的层级

让我们首先回答提高效率的问题。这个问题并不容易回答,正如我前面所说,重用层级的确定需要公司里最聪明的人去确定,并定义线应该划在哪里。我定义了6个层级的重用,供你在开发中参考:

- 第0级——经验重用:

由于某些原因,你没有机会重复使用任何软件或硬件模块。你所能做的是至少可以保持团队的稳定,保留公司里有经验的人。那么,至少你将能够重用他们的经验。

- 第1级——概念重用:

这类似于经验重用,但至少已经使用文件和图表在较高的层次上描述架构和概念。你可以重用这些概念,但有可能需要一直从头开始实施。

- 第2级——设计文档重用:

主要的硬件和软件实现可以被重复使用。存在参考实现,而开发团队可以自由地改变特定的客户功能所需的东西。硬件有原理图和参考设计。软件有参考或示例实现,以及如何使用的描述。创建一个新产品可能是从以前的实现或参考设计中复制和粘贴的。无法保证示例和参考实现的质量。

- 第3级——乐高©系统重用:

硬件和软件的开发就像乐高积木,并已经存在于某些部件和模块之中。例如,软件组件以库、头文件和配置的形式存在。硬件存在于已被完整定义且可重复使用的模块之中,并具有固定的原理图和布局图。软件和硬件的接口是标准的,组件被嵌入到定义良好的框架中,这些模块总是可以很容易地组合在一起。构建系统、集成以及测试和发布的流程都是标准化的,因此,技术可以在全球范围内的团队间进行交换。组件的质量是可靠的,并可以随着时间的推移自动提升。

- 第4级——即插即用的重用:

一个系统的功能可以通过安装或卸载软件来改变。硬件模块的接入和移除可以通过自动的软件驱动管理实现。硬件和软件是高度标准化和模块化的,因此,附加组件可以像即插即用系统一样工作。

- 第5级——系统重用:

一个完整的系统可以出售给另一个客户,只需改变一些配置或进行少量的调整,或改变颜色或品牌。硬件、软件或机械部分都无须改变。

这6个层级涵盖了从最小到最大的所有重用范围。使用哪一个层级总是取决于架构、产品和技术,必须根据实际情况进行评估。

3.4.3.2 重用的方法

我还想介绍两种不同的重用方法:

1）机会主义的重用——只向后看：

如果一个新的系统开发被提上日程，只要回顾一下过去，看看有哪些类似的项目被开发过。找到类似的模块和组件，并尝试重新使用它们。

2）有计划的重用——着眼于未来：

预测存在于所有项目中的相似性，既包括现在运行中的项目，也包括未来的产品。首先，找出哪些模块和组件在项目之间有很高的重合度，以及是否可以被重用。然后，围绕它们创建一个框架，使它们尽可能地模块化和可配置，并计划尽可能频繁地重用它们。

后一种方法的实施显然需要在初期进行投入，因为只有在整个开发体系都被准备好后，才能在未来进行平台的重用。我们将进一步讨论该方法。

3.4.3.3 重用的规则

让我们假设我们决定进行有计划的重用，那么就应该遵循某些规则。具体的规则如下：

- 模块化：

组件和功能是模块化的，它们可以根据要求进行组装和重复使用。模块的颗粒度是一个关键点，需要仔细研究。

- 可伸缩性：

组件和功能可以放大或缩小，以支持不同的系统，所消耗的系统资源也可以相应地改变。

- 可配置性：

组件和功能只需要被编译一次，然后在具体应用中可以通过外部配置进行调整。核心功能始终保持不变，而行为则由配置进行定义。

- 可移植性：

软件组件、功能和应用程序被分为通用的、与硬件无关的部分和与特定硬件关联的部分，可以很容易地将它们移植到另一个处理器或操作系统。

- 可扩展性：

整个架构必须能够很容易地被扩展。虽然模块化已经可以起到一定的作用，但是还需要能够很容易地在未来添加新的组件、功能和部件。

- 可测试性：

组件和功能需要能够进行独立测试，并满足从单元测试、集成测试到系统测试的各个层级的要求，从而确保能够将可靠的子部件交付给一个更大的系统。

- 基于组件：

组件和功能的设计与实现遵循内部的标准，并在一个统一的框架内。在不需要增加额外工作量的前提下就应该能够实现接口和通信的正常工作。适当的封装可以确保多实例的能力。

- 集中管理：

组件、部件和功能在一个中央系统中存储和管理，以确保不会产生重复的工作。这也确保了这些组件、部件和功能能够以受控的方式被重用，而非被肆意修改。

因此，在上述原则中既可以看到技术和架构方面的内容，也可以看到开发流程方面的内容。这两部分共同创造了平台的坚实基础，在平台的开发阶段均需要加以考虑。只有这样，才能真正有效地开发和建立可以被重用的平台。

3.4.3.4 重用的好处

我们之前计算过，当涉及利润收益时，重用率是最重要的因素。根据重用层级的不同，创建一个灵活的架构所需要的投入或大或小。图3.14说明了这一总体趋势。

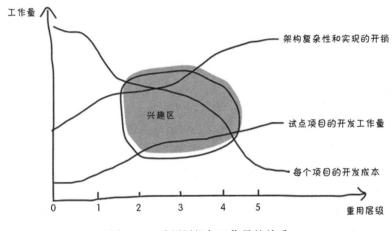

图3.14 重用层级与工作量的关系

在图中，随着重用层级的提升，可以看到架构的复杂性以及试点项目的开发时间也会增加。这意味着工作量在增加。另一方面，每个重复或类似产品的开发成本随着重用层级的提高而降低。2～4级之间的重用层级也许是最有趣的——我把这称为兴趣区。

3.4.3.5 划定界限

平台开发最重要的决定是在哪里划清界限。在决定什么是平台组件的一部分、什么不是的时候，需要考虑上述所有的策略，如重用的层级、方法和规则。这是一件非常个性化的事情，需要逐个案例、逐个团队、逐个技术进行评估。

通过详细的调查，可以对可能与平台战略和重用有关的所有开发因素建立一个概览。有些事情可能是显而易见的，比如同样的部件在不同的部门被重复开发了几次，或者在所有的未来产品中都需要某种功能。其他方面则可能需要更详细的调查和更高层次的技术策略,例如为全球所有产品选择某种处理器系列。

此外,在所有相关部门中建立关于重用的意识是非常关键的,并且关乎整个公司的利益。每个部门可能会以不同的方式划定界限,而且都有自己的充分理由。在创建一个全公司范围内的技术战略时,如果将平台作为基本考量,那么所有以上的各个方面都应该被考虑到。

3.4.4　战略和创新

为什么我们还需要在这里讨论技术战略和创新?架构设计和平台开发不是应该发生在概念阶段和头脑风暴研讨会之后的开发阶段吗?答案是:既是也不是。让我先从技术战略说起。

3.4.4.1　技术战略

我们在本书的第 2 章已经定义了技术战略这个术语。正如书中所提到的,它是一个战略决策:既可以是尽可能多地利用公司现有的平台来开发未来产品,也可以是确保每个创新都尽可能早地使用平台框架和流程,从而使这些创新的后期产业化更加容易。这到底是什么意思呢?让我们再深入了解一下创新开发流程,以理解这一点。

3.4.4.2　创新和技术开发

与我一起工作的团队和同事们,总是对新的课题有某种渴望。许多人想从事创新性的工作。但在现实中,我们的工程师中只有一小部分人能够专门负责创新课题的工作。然而,其他的人在从事平台或产品开发时也会有很好的创新想法。

我认为,这就是工程的本质。每个工程师同时也是一个发明家,我们应该让每个人都有机会为公司的创新能力做出贡献。Adobe 公司的 Mark Randall 用他的 Kickbox[一] 概念建立了一个相当好的方法:工程师被给予一些工具和 1000 美元来开始一个创新。如果他们能够在公司内销售,并且能够存活,那么它就被认为是一个好的创新。

然而,让我们回过头来,以一种更系统的方式来看待它。

创新总是从问题和想法开始。关于如何创造想法和正确的问题,有几种现成的方法、工具和流程。共同的理解是:在开始时,数量是创新的关键。要提出正确的问题并不容易,但我们已经有一些明确的工具和流程可以帮助人们提出正确的问题。

然后,我们需要对这些想法进行快速评估,并筛选出有意义的想法,以尽快决定是否采取进一步的行动。这种筛选可以基于技术可行性或业务方面,也可以由用户或客户的反馈驱动,或者由诸如"设计思维(Design Thinking)"的流程

[一] https://www.kickbox.org/

来驱动。

最有希望的想法将被进行可行性研究、早期原型开发、仿真等，或者为了开展一些早期测试而进行初步的开发实现。实际上，设计思维的流程是一个很好的工具，可以加速原型设计，并将产品投入第一个测试周期进行验证。

到现在为止，我们还没有花费太多的工作量。也许整个构思和设计思维过程只是为期一周的研讨会的一部分，参与的团队人数一般为 10~20 人。现在，我们需要进行的是对事实和数字的检验。

下一步是进行认真的市场分析，以检查新想法的商业潜力。我们需要找到一种方法来得出一些估计的数字并建立一个粗略的商业模型，以供你的领导团队来决定是否对这些想法进行投资。

如果你得到了肯定的答案，有一个重要的部分必须要加以考虑。通常，我们此时需要完成原型的开发，并开展真正的演示。此时，平台将开始发挥作用。如果你可以选择在你的平台框架内进行原型设计，你一定要这么做！这将在后期阶段节省大量的工作。

一个简单的例子是硬件开发。让我们假设你的前期开发工程师刚从大学毕业，他们被分配了一个任务，为一个创新的电路设计 PCB。他们使用一个免费的工具或他们大学里的一些其他工具来绘制原理图并进行布局，那么，你可能会在将其转移到你的产品开发工具中时遇到困难。如果他们使用你们公司标准的专业工具，并选择库里的现有零件，以后过渡到产品开发就容易多了。此时的一个前提条件是，这个工具要非常灵活，可以进行快速原型设计所需的一切。例如，你希望在必要时能够使用库中还没有的零件。

另一个很好的方法是将产品开发中的高级人员轮换到前期开发的活动中。这种做法通常收效显著，因为他们有广泛的背景和经验。此外，这也有助于在早期阶段引入与产品相关的框架和工具。

当然，这对软件工具、框架和流程也是有效的。前期开发技术越早被嵌入到平台框架中，以后就越容易将其工业化，并利用它们制造出真正的产品。

这对部门之间的交接也是有益的。如果前期开发和平台开发被分成两个部门，但只要他们使用相同的框架和平台标准，那么交接就要快得多，容易得多。

创新流程可以进一步进行，其后续阶段应该有明确定义的节点和决策点。创建产品原型时越早使用平台框架，将开发活动转移到产品开发和量产阶段时就越容易。其先决条件是，平台框架要足够灵活、易于操作。对早期的原型不应该有任何限制。

同时，平台应该了解前期开发部门正在进行的工作，以便能够做好准备。新技术可能需要新的框架、芯片组或其他与系统相关的部件。一个平台越早为即将到来的变化做准备越好。

3.4.5 软件

代码重用是软件工程的圣杯。
Code reuse is the Holy Grail of Software Engineering

——*Douglas Crockford*
计算机程序员和企业家

今天,在复杂的电子设备中,软件开发始终是最大的部分。因此,我们会特别关注这个领域的平台开发。根据我的经验,软件开发的工作量可能比硬件开发的工作量高十倍。我在前面的商业案例计算中也使用了这个比例。

基于组件的开发在业界以创造重用而闻名。因此,以这种方式构建你的开发,绝对是一个不错的选择。然而,软件运行总是需要硬件,所以创造重用的第一步是选择硬件。如果有可能选择一个特定的处理器并坚持使用,那么嵌入式开发的重用率将很高。如果有必要支持几个处理器,就需要付出额外的努力来创建硬件抽象层,并确保软件平台支持所有变体。

对操作系统的选择也是对某一平台的选择。如果坚持使用某个特定的操作系统,公司就需要忍受伴随这一决定而产生的依赖性,但它将确保高重用性。如果你需要很高的灵活性,你就应该创建一个好的操作系统抽象层,在操作系统之上重用一切东西。这种选择还包括软件框架、通信协议、程序语言等。绝对有必要清楚地确定需求和边界条件是什么,然后找到重叠的和可重用的部分。

3.4.5.1 水平线和垂直线

这里重要的一点是,如何在平台组件和产品特定组件之间画线。针对软件开发,我将介绍两种类型的界线,具体如下(图3.15):

1)水平线——可以画两条主要的线:

① 硬件/操作系统线:这条线定义了哪些组件是依赖于硬件或操作系统的,如果我们从一个处理器切换到另一个处理器,或从一个操作系统切换到另一个操作系统,就需要反复调整。在这条线以下,重用的范围很小,组件可能被排除在平台重用策略之外。在这条线以上,可能有一些平台组件是通用的,可以被反复重用,不受硬件和操作系统细节的影响。

② 用户界面线:这条线定义了哪些组件是图形用户界面的一部分,它们可能在每个项目中都是不同的。这条线也定义了哪些组件是用来支持通用功能的,并可能是平台的一部分。

2)垂直线——这条线排除了某些与平台无关的功能和应用,因为它们只为单一产品而创建,没人期望它们在其他项目中可被重用。这也可能是一个管理问题，因为需要知道究竟是哪个部门在开发这些功能。单纯从技术上来讲，无论如何，所有的开发都必须遵循平台规则，并使之与平台系统相匹配。

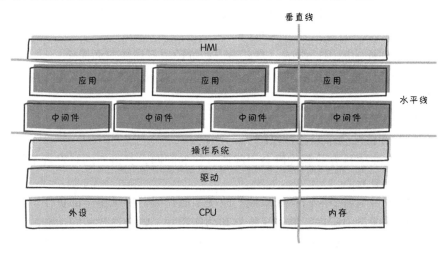

图 3.15 软件架构中的水平线与垂直线

3.4.5.2 重用的层级

下一个方面是关于重用的层级。基于组件的开发可能介于 2 级（设计文档重用）和 3 级（乐高©系统重用）之间。具体选择哪个层级取决于开发过程的细节。

例如，2 级重用意味着以下内容：

- 软件框架、协议、模块和应用程序作为一个完全可正常工作的参考系统而存在。
- 软件的创建考虑到了重用，以覆盖未来的大多数项目。
- 新的项目团队通过复制和粘贴使用参考系统的源代码，并可以在必要时进行改变和调整。
- 参考系统有很好的记录，而且其开发者有足够的时间来支持新的整合。
- 参考系统可能是一个平台项目或以前的产品开发项目。并不迫切需要一个专门的平台团队。
- 为产品复制参考系统的团队拥有与其开发者相似的技能，并且知道他们在做什么。
- 源代码的所有权有可能通过复制和粘贴从平台团队转移到项目团队，或者从一个项目团队转移到另一个项目团队。

以下优势和弊端是需要考虑的。

第2级的优势：
- 一般来说，一个软件平台已经存在，并且可以有很高的重用率。
- 由于项目团队可以完全访问源代码，因此定制工作可以快速而简单。
- 个人对其进行优化是可能的。
- 由于同样的原因，调试、修复错误和维护也可以快速而简单。
- 一个专门的平台团队并不是迫切需要的。最新的产品总是可以自动成为新的平台。

第2级的弊端：
- 复制和粘贴会带来各种风险：
    - 改变项目方的源代码会引起所有权的问题，其最初的开发者不能再对改变的源代码负责。
    - 项目组需要明白：如果他们改变了源代码，要承担全部责任。
    - 在项目中所进行的错误修复和功能添加，将会导致相同功能的不同变种，从而带来风险。如果部门之间的分化越来越多，那么将这些东西重新整合到平台中就会变得更加复杂。
- 项目团队需要有完整的技能和较高的能力来开发完整的软件，并需要对其负责。

第2级重用可以适用于较小的组织，在这些组织中，管理层通常对团队和产品有很好的了解。开发过程应该足够严格，以集中的方式处理变更和错误修复。在整个组织中，应该有创造重用和维护平台的特殊思维方式。管理层可以用轮岗的方式来帮助平台思维的推广，工程师应该定期在平台开发和项目开发之间转换。

与第2级重用相比，第3级重用有明显的不同。第3级组织已经实施了一个机制来集中控制所有的源代码变化、错误修复和附加功能。这可以通过以下两种不同的方式实现：
- 集中的存储库：参考源代码在一个中央版本控制系统中存储并进行开发。平台团队在该系统中进行开发、测试和发布，而项目团队则直接从该系统中进行编译。没有必要进行复制和粘贴。
- 交付库：参考源代码也存储在中央版本控制系统中，但平台团队负责编译库文件并将其交付给项目团队。库文件是经过测试并有说明文档的，所以项目组不需要对其进行改变。此种情况下，必须谨慎处理版本和向后兼容的问题。

这种机制具有如下优势和弊端：
第3级的优点：
- 一般来说，所创建的软件平台具有很高的重用性。
- 源代码以一种集中的方式被完全控制。不存在不同的变化和重复工作的风险。
- 平台组件的所有权属于平台开发方。
- 考虑到开发者的技术和积极性，变更处理和错误修复的效率很高。
- 产品团队不需要完全了解平台的源代码。他们更多的是负责将开发好的功能进行集成。
- 这些库在发布前经过了充分的测试和验证。产品团队可以相信它们的质量，所需要的技术能力不需要像第2级方法那样高。

第3级的弊端：
- 为了确保库文件有足够的灵活性以覆盖所有项目，存在着过度开发的风险。
- 修复错误、优化和变更的工作量完全由平台团队来负责，他们需要考虑所有的问题并制定相应的计划。为了支持所有不同的产品，沟通、时间、流程和计划变得更加复杂。
- 平台开发者可能会持续地陷在错误修复和变更工作之中，这对高技能的架构师而言是一种浪费。通过有效的轮岗或交接的方式可以激励整个工程团队来共同维护平台。

第3级重用可能更适用于大型组织。如果把平台团队当作项目团队的独立供应商可能会效果更好，平台团队可以像第三方供应商一样提供库、文档和集成支持。因此，平台团队和产品团队有一种客户—供应商的关系。

软件平台的下一个话题是关于上述重用的规则。模块化、可伸缩性、可移植性、可测试性和可配置性是需要考虑的主要方面。

3.4.5.3 模块化

软件的模块化意味着对封装功能的颗粒度有一个很强的概念。颗粒度又完全取决于未来配置中的潜在重用。如果某些功能需要在不同的应用中被重用，那么就把它们提取出来，只开发一次，然后在不同的功能和应用中重用它。一个例子是：几个算法中都在使用一个数字信号处理滤波器。最细的颗粒度是将其作为低层次的数学运算函数组件，用户可以使用这些函数来创建自己的过滤器算法。第二个颗粒度级别是开发一个足够灵活和可配置的过滤器，用户可以用它来创建算法。过滤器是一个标准的模块，出现许多变化的可能性很低。第三个颗粒度级别则可能是决定为每一个特定的算法都再次开发一个特定的过滤器。这种方式可能在CPU或内存使用方面具有优化潜力。

要决定颗粒度的高低，必须考虑产品团队将如何使用该平台，既要考虑不同层次的颗粒度可能会引入的工作量和系统开销，又要考虑实现多少重用。

然而，被封装后较大的组件通常有可能在其他地方被重复使用，这种方式要比一个单一的功能块更优一些。

在图 3.16 中,你可以看到功能#1 和#2 都实现了相同的子功能 B 和 D。在非优化版本中,它们被实现了两次,也必须被维护两次。理想情况下,它们可以被封装为可以被共享的模块,并经常根据需要被实例化,这就是模块化的思想。

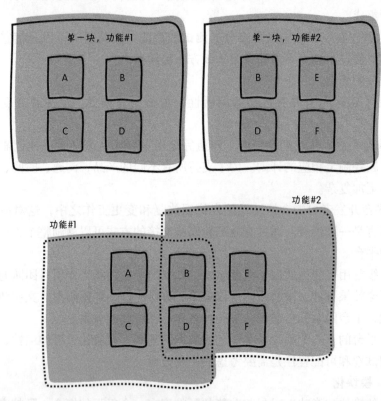

图 3.16　模块化

3.4.5.4　可伸缩性

软件的可伸缩性意味着你可以调整组件的大小,以节省不使用的资源。我举一个来自数字信号处理的例子:想象一下,你有一个算法,在不同的输入通道上运行计算。在你的产品中,输入通道的个数从低到高不等。同时想象一下,如 CPU 和内存等计算资源的使用量与通道的数量呈线性关系。这时,应该创建一个根据通道数量来使用资源的组件。例如,在一个只有 2 个通道的产品中使用一个 32 通道的算法是没有意义的,这将是一种资源的浪费,因为未被使用的 30 个通道将仍然在消耗整个系统的资源(图 3.17)。

3.4.5.5　可移植性

移植软件通常意味着在不同的环境中重复使用组件和功能。在嵌入式开发

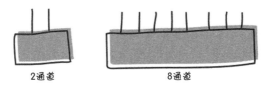

图 3.17　可伸缩性

中，这通常取决于硬件处理器和操作系统。可移植性意味着软件组件应该易于从一个处理器移植到另一个处理器，以及从一个操作系统移植到另一个操作系统。软件与硬件接口和驱动越接近，这个问题就越相关。一个典型的情况是，软件组件直接访问与硬件或操作系统相关的功能，以便能正常工作或效率更优。对于一个简单的 UART 或 I2C 接口的驱动组件而言，软件需要访问硬件寄存器来处理信息。在每个处理器系列中，这些硬件接口可能都是不同的，软件必须反复适配。如果能够在两者之间创建一个硬件抽象层，就可以将通用功能和处理器相关功能进行隔离。于是，通用部分将只需要被开发一次，并在不同的处理器中保持一致。这就是可以重用的平台组件！处理器相关的部分虽然必须与每个处理器进行适配，但要比整个接口驱动程序小得多（图 3.18）。

硬件抽象层意味着额外的开发工作，也可能意味着额外的处理器资源，如 CPU 和内存，但组件的整体重用率得到了提高。

可移植性不仅与硬件和操作系统相关，而且与图形用户界面的接口、特定协议、开发和调试等相关。一个组件的所有接口，如果从一个项目到另一个项目时可能会发生变化，就可能需要一个抽象层。决定是否创建这样一个层，需要在开发工作量和重用收益之间取得平衡。

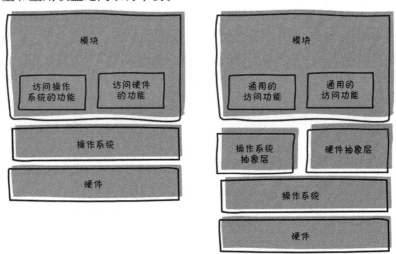

图 3.18　通过抽象层实现的可移植性

3.4.5.6 可扩展性

平台开发的另一个关键目标是面向未来,这通常在一定程度上是可能的。软件语言不会发生剧烈的变化,对软件架构和设计模式的理解也已经相当成熟,今天创造的东西至少在未来 5~10 年的嵌入式电子世界里仍然会存在。值得思考的是,未来可能发生什么,以及如何用今天创建的架构实现软件的扩展。软件框架的架构质量,在确保新的功能、协议和应用可以很容易地被集成方面起着至关重要的作用,这样平台软件就可以得到扩展,并能在下一代中继续使用。

前面所提到的可伸缩性、可移植性和模块化等话题也对可扩展性起着重要的作用。对于某部分软件而言,将其过去所有的变更和未来潜在变化进行分析,如果分析的结果是产生了某些具体的需求,那么就很有可能知道了我们怎样才能创造出面向未来的东西。这些面向未来的东西将可以被重用,而且能够提高未来软件开发的整体效率。

Erich Gamma 的 *Design Patterns*[13] 是描述设计模式和如何创建可重用代码的畅销书之一。

3.4.5.7 可配置性

可配置性意味着,在一个架构中,包含着很多无须再次修改的通用组件,它们可以应用在不同的用例中,并可以从软件组件的外部进行配置。将一个组件编译成一个软件库通常是整个开发过程中的重要环节,它决定了不同的重用级别,或在公司的不同部门之间如何实现接口。或者,可能是为了不再投入工作量去维护这些组件,以避免过多的测试周期。如果是这样,而且为了覆盖不同的用例而导致软件组件需要有多种变体,那么对其进行外部的配置就很重要。

再次设想一个为不同数量的通道而设计的信号处理算法。我们还假设,在设计期间,某些功能需要在不同的项目中被打开和关闭。理想的情况是,平台团队提供一个经过编译和测试并配有文档的库。此外,还需要提供一个人类可读的配置文件,产品团队可以轻松地配置通道数量和某些功能的可用性,并可以根据自己的需要改变这个配置文件,功能也会因此而相应改变。当然,组件的可伸缩性能力也是这么实现的(图 3.19)。

图 3.19 软件模块的配置

3.4.5.8 开发过程

软件开发的另一个重要方面是整个开发的流程。为了描述为复杂的产品和客户环境开发一个软件平台究竟意味着什么,我将沿着 V 模型进行讨论,重点关注这个过程中的最佳实践,如审查和持续集成等。并将为实现特定质量目标而开展的内部活动,与流程的输入和输出等外部或接口活动进行区分。

内部活动非常重要,因为平台团队需要确保他们能够涵盖平台的多个变体、配置和时间表。此外,平台团队还需要确保他们有一个坚实的项目管理结构,以此来支持所有产品。我不想关注如编码风格、文件、测试和审查等实际的软件开发过程,因为它们已经是众所周知的,并在许多书中都已经有很专业的描述了。

让我们从需求开始,因为它总是 V 模型中的第一个点。

1. 软件平台需求

软件平台的设计始于系统架构师的提议。架构师们通过一系列的活动发现了哪些功能是项目中共有的,哪些功能在未来是必要的,以及市场是如何演变的。通过这种调查活动,我们知道了自己需要哪种编程语言、框架、通信协议,以及与其他软件模块的接口等。

我们还可能看到需要支持哪些处理器和其他硬件模块以及硬件接口等。此外,我们还需要内部的开发规则,如编码风格,或者我们需要遵循某些法规,以获得对最终软件的认证和质量评估。所有这些需求都是开发团队的第一个输入,以提出一个涵盖所有这些要求的软件平台和架构的设计概念。这些需求需要被写下来并与利益相关者一起评审。

在这里,还需要知道谁是这个平台的投资者,以及谁是它的后期使用者或客户。我们必须确保与他们达成一致,以避免后期出现意外。建议设置一个指导委员会,以便统筹考虑平台开发、产品开发、公司的所有业务和工程活动等,并保证它们之间的协调。

2. 软件平台概念

在需求收集之后,开发团队要创建一个涵盖所有需求的高层级设计概念。这类似于本书第 2 章中描述的 RFQ 过程。有了需求之后,团队开始创建设计概念,并将其作为估计工作量和时间表的基线,进而创建商业模型并开展项目管理工作。

我们需要对实现每个需求的工作量进行估算,这样就可以对具体任务的优先级进行讨论。这种讨论是决定如何开展平台开发的一个有效方式。可能会出现这样的情况:利益相关者因为工作量和成本比预期高得多等原因而放弃某些需求。

在高层次的设计概念建立起来之后,就可以为未来的产品估算出整体的重用率。这意味着,所有的信息都可以被用来决定实施什么。

3. 软件平台架构

开发团队的下一步是在设计概念的基础上创建一个架构，涵盖所有商定的需求。正如前面所述，此处的关键是要考虑软件组件的模块化、可伸缩性、可移植性、可扩展性、可测试性，以及可配置性。

此外，同样重要的是，要明确平台和项目特定内容之间的界限。与其他开发部门达成一致并详细讨论接口是非常必要的活动。

从平台的角度来看，正确地将架构设计和过程进行文档化是非常关键的，以便总是能够轻松地解释所有的细节和决定。还要确保所有的需求都具有可追溯性。因为一段时间后，你可能会被问到你是怎么做的，为什么你决定这样做。清晰的文档在此时就会对你有很大的帮助。

4. 软件平台实施

现在，开发团队要开始实现在架构设计阶段所商定的内容。假设他们遵循了最先进的流程，并有相应的工具。单元和集成测试也是这个阶段的一部分。

将内容和时间表保持透明化，有助于组织的其他成员了解平台团队每天都在做什么。敏捷开发中的冲刺回顾是一种很好的方式，每2~3周展示一次结果可以让利益相关者看到正在发生的事情并给予反馈，团队也可以庆祝他们的成果。

软件平台的初始实施是线性展开的：需求、概念、架构、实施和测试。然而，如果平台已经被推出，一部分的开发任务是维护平台，另一部分是新功能的持续开发，那么实施工作就会变得更加复杂。下面，我将进一步描述这个过程。

5. 软件平台测试

一般而言，单元测试和集成测试可能在实施阶段就已经完成了。

单元测试涵盖了一个组件或模块的内部质量（图3.20）。我们也可以称其为白盒测试，因为我们在对模块进行详细检查。通常需要几轮单元测试来测试一个软件模块的所有代码行和分支。覆盖率报告展示多少百分比的代码被实际测试过。现在，已经有很多的工具和框架可以支持这项工作。静态代码质量分析可以支持对不良编码风格、错误或风险的检测。使用持续集成工具可以自动运行这些测试，即使在夜间没有开发人员活动的时候也可以持续进行。

图 3.20　单元测试

对测试的数量、代码覆盖率和测试是否通过等数据进行统计的报告,是为组织的其他成员创造信心的有效方法。

集成测试涵盖了一个模块在其环境中的行为。现在,模块本身被视为一个黑盒子,而其所在的软件环境则被视为白盒的(图3.21)。通过集成测试可以检查输入、输出、配置和控制事件等是否都能按预期工作。此外,集成测试可以自动化运行并在夜间运行,报告这些结果将有助于组织的其他部门。

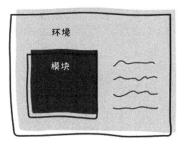

图 3.21　集成测试

在这里,一个值得思考的问题是,平台开发团队需要走多远才能覆盖到所有可能的产品环境的集成?原则上,有两种方法可以做到这一点,组织应该仔细调查并决定采取哪种方法:

(1) 融入参考环境

当存在一个或多个参考系统时,平台团队需要将软件平台集成到其中。参考系统可以在评估板或 PC 上运行。如果参考系统与所有其他产品环境足够接近,产品团队就可以很容易地在参考系统上进行软件平台的测试,并将其集成到特定产品中(图3.22)。很明显,这对平台团队的工作是非常有利的。但是,因为平台往往包含很多内容,这些参考系统必须能够支持所有可能的平台中的任意一个子集,只有这样才能保证对整个平台内容的测试和交付。但对于具体的产品而言,只要参考系统能够支持产品所需要的平台子集就已经足够了。此外,还可能存在其他的依赖性,如系统可用性和地点限制等,这些都必须加以考虑。

当参考系统的数量和复杂性都很高时,自动化测试就变得非常重要。持续集成和测试可以 24h 持续进行,能够大大加速开发进程,并避免手动测试所容易导致的错误。当前,持续集成和测试所需的服务器和工具链都已经有了成熟的产品,可以快速搭建一个有效的测试平台。这个平台中每一个硬件平台都是互联的,所有的软件变化都可以触发测试的自动运行。如果该平台被许多其他团队使用且采用手动测试,平台团队的工作会成倍增加,而自动化测试则可以大幅度降低测试方面的工作量。

(2) 集成到所有的产品环境中

这意味着平台团队需要负责将软件平台整合到每一个产品之中,并提供集成的解决方案,还要负责在最终的目标系统上进行充分的测试。对于知识的学习和团队之间交流的工作量而言,这种方式非常高效。因为,不需要再进行软件的移交或知识的复制粘贴,而且产品团队也无须再学习平台组件的相关知识。当然,

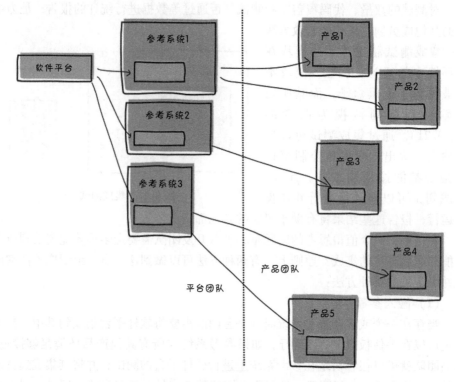

图 3.22　参考系统上的整合

其后果是一个更大的平台团队,因为他们要负责整个产品的集成工作。此外,他们需要了解环境的其他部分,这可能很复杂并有许多变化。但总的来说,考虑到上述的效率,它可能是更好的解决方案。

在这里,测试自动化也应该被认真考虑。

测试的最后阶段是系统测试。此阶段,整个系统被看作是一个黑盒子,软件平台作为系统的一部分而存在(图 3.23)。取决于上述的集成策略的不同,平台团队也可以参与到系统测试之中。如果软件平台团队仅参与到某些参考系统的集

图 3.23　系统测试

成工作中,那么他们也应该在这些系统上进行全面测试。如果平台团队需要参与到所有的产品集成工作中,由一个单独的验证团队负责系统测试就会更合适。那么,应该由软件平台团队来负责设计、规划并创建系统测试用例,而验证团队来负责执行这些测试。在任何情况下,可追溯性的循环必须在这里被闭环,以确保

从开发过程开始的每一个需求都被覆盖和测试。

3.4.5.9 发布（Rollout）

开发的最后阶段是软件平台的发布。这是整个开发活动最重要的方面之一，因为它为整个过程创造了另一个层次的复杂性。

如果软件被发布，原则上有必要为此进行充分的准备。发布并不是在开发结束后才发生的事情。事实上，它始于得到了利益相关者的支持的那一刻。

正如在平台开发策略部分的开头所描述的，最初的分析应该有不同的部门和利益相关者参与。获得他们的支持和承诺对以后平台的发布至关重要。

在开发过程中，让最终用户从一开始就参与进来是很重要的，要确保他们知道即将发生的事情，因为他们可以提供意见和反馈。一切有助于沟通的东西，如明确的时间计划、功能描述、流程和支持模式等，都有助于确保能够得到管理层、销售和市场、开发人员和用户的支持。由利益相关者、开发者和用户等所创建的需求，始终是开发的起点。

除了培训材料，有必要为错误修复、变更请求、功能请求和集成支持等建立相应的流程，并设置相应的组织。

一般来说，这是一个关于如何进行交付的问题。我们将在以后再次回到组织架构方面，此时，我们将首先关注交付的策略。

交付的方法在很大程度上既取决于平台的内容和公司的开发工具，也取决于接受平台的团队的产品开发时间。有以下的选项可供选择。

交付的内容：
- 软件的源代码（如 C/C++ 文件、头文件）。
- 软件编译后的二进制代码（例如，作为软件库）。
- 源代码形式的示例和参考集成。
- 工具和软件包的可执行文件（例如，编译器、IDE）。
- 文件包，如：
  - 与版本控制库的链接，以实现内容的下载或与本地开发环境进行同步。
  - 下载独立部件的网站。
  - 在 PC 上安装所有必要部件的可执行程序。
  - 可以在用户和开发者的个人计算机上安装的虚拟环境（例如，将开发计算机和 OS 虚拟化的软件包，并包括所有工具）。
- 安装和运行软件平台的参考硬件。
- 在一个系统中演示和测试软件平台的参考环境。
- 支持工具、许可证和可选内容。
- 各类文件，如：

- 详细的设计和实现的说明。
- 集成和测试说明。
- 数据表和测试结果。
- 用户手册和验证指南。
- 营销材料。
• 联系方式，如：
- 软件库和下载网站的链接。
- 用户支持的门户网站和培训材料的链接。
- 现场应用工程师的姓名、电话号码和电子邮件地址。
• 培训材料，如：
- 教程和入门指南。
- 实例。
- 在线和课堂课程。

对于软件平台的发布而言，时间安排至关重要。开发平台本身已经是一件很复杂的事情，但将其整合到各种产品中则可能更为复杂。想象一下下面这种最坏的情况：

• 该软件平台需要被集成到全球几十种产品中，各自的配置、功能、处理器和时间表完全不同。

• 所有的产品在功能冻结、软件冻结和测试周期方面都有不同的概念和时间安排。

• 该软件平台并不是100%完整地涵盖了这些产品的所有功能。还需要开发某些附加功能，并有一些小改动。

• 每次集成到另一个产品时，总有很多的变更请求和错误修复，但自动化还没有实现，从而导致开发工作量巨大，而且周期很长。

• 产品团队还没有得到很好的培训，技能不能完全满足要求，利益相关者也没有被完全说服。

这些问题中的大部分可以通过前期对情况的仔细调查，以及适当的计划和准备来处理。通过透明的沟通获得所有利益相关者的承诺是成功的必要条件。特别是最后一点，通过适当的准备可以完全避免。

在任何情况下，产品集成的数量都会增加平台团队方面在错误修复、变更请求和集成支持方面的工作量。这一点必须加以考虑，可以通过增加平台团队或投资于自动化来解决。

一些最有趣的问题涉及测试周期的时间、新版本的整合工作，以及向后兼容性。对于产品团队而言，他们总希望软件能快速冻结。在软件冻结之后，他们只允许针对严重缺陷的修改，并且只允许修复那些不会导致整个系统很大变化的那些缺陷。因为这样他们就可以避免对其产品再次进行完整的测试。然而，如果平台团队只能在一个新的主要版本中提供这个缺陷的修复，而这个新版本将导致产品软件变化众多，那么，产品团队就不得不进行全面的集成工作和全面的测试，这可能导致产品的开发时间过长，甚至无法守住里程碑和无法及时交付。

此外，还有一个问题，产品团队应该对软件平台的每一次小的升级都进行持续集成，还是应该每年只集成1~2次，但每次工作量大得多呢？

非常有必要从一开始就考虑到所有这些方面，并设计一个被所有利益相关者接受的概念。越晚发现平台不适合产品团队的需求，在时间和工作量方面就会越差。每个人都必须致力于使用这个平台，使所有的信息透明化，对参与的人进行全面的培训，获得反馈，并监控软件平台的使用情况。最基本的要求是：确保平台设计合理，并在变革管理方面做好功课。

3.4.6 硬件

硬件是所有电子系统的基础。没有它，任何软件都不能被执行。即使在今天，例如云等这些抽象概念，虽然都是在IT服务器上运行，但本质上也是要在硬件上运行的。我们所需要的处理器、内存、接口、网络、显示器、用户端口、天线和电源等，都被安装在PCB上，并通过原理图和特定的布局技术等确保每个组件都能收到适当的电能和信号。

硬件的平台开发并不一定意味着开发一个特定的系统，然后称其为"平台"。它也可以意味着开发如上所述的关键部件和参考系统。如何定义平台方法，取决于所需的重用层级。

关键部件可能是特定的处理器、电源或接口。通过参考系统可以说明如何将所有这些关键组件组装成一个系统。如果你想为同一目的开发几个关键部件，那么你既可以创建一个参考系统，也可以创建多个不同的参考系统。例如，如果你想使用来自某个供应商的不同微控制器，那么，你既可以在一个参考系统的PCB上的特殊插接件上安装不同的微控制器，也可以简单地设计多个不同的PCB。如果你还想尝试各种新的技术，那么也可以将各种硬件组件和接口都放在一个特殊的参考系统中。

3.4.6.1 重用的层级

在前面讨论软件重用的时候，我们提出了重用的6个层级，现在来解释一下它们对硬件开发的意义。

1级硬件重用：

第一个重用层级是"经验"的重用，仅关注如何保持硬件开发团队的团结。要确保团队中有熟练的硬件架构师，而且他们都知道公司产品的相关历史、目前的产品，以及未来可能出现的产品。了解供应商的产品地图也是硬件设计的关键。要确保在每个具体领域都有一个专家负责，例如显示设备、电源和处理器等。因为硬件领域非常复杂，一个人通常无法单独掌握所有的硬件知识。如果是按串行开发的模式来开发产品，那么这个团队就可以重用其经验。

2 级硬件重用：

第二层级所谓的"参考"更多的是指原理图的重用，也就是只创建一次原理图并在许多项目中经常使用它们。例如，你可以创建一个特殊的电源电路，这个电路使用一种特殊的芯片，并用各种电阻、电容和线圈来为一个特定的产品提供 1.8V、3.3V 和 5.0V 的供电。这些元件能够适合未来的各种产品，于是，这个电路就可以被重用了。

另外，如果你的策略是使用一个特定系列的微控制器，硬件团队也围绕它创建了带有接口、时钟、内存和电源的原理图，那么这些设计就可以在任何需要的时候被重用。当你想在某些产品中改变存储器的大小或接口时，大部分的工作都已经完成，可以被直接重用。这里的问题是，如何存储和管理所有这些概念和参考实现，以及元件和零件的一般信息。现在已经有了高度集成的工具系统，可以管理从抽象的系统设计开始，包含 PCB 设计和布局以及直到生产的所有信息和数据。通过使用数据库来管理所有关于每个部件的可用性、价格和技术规格等信息，可以使硬件设计人员能够轻松并高效地工作。团队可以创建自己绘制原理图的标准，并创建命名规范等。这些标准化的东西是硬件平台的一个重要组成部分。

3 级硬件重用：

第三层级是"乐高©"方式，是以集成的工具链为基础。集成的工具链与软件领域的框架相对应。它是实现标准化和共用化的基础，每个人在开发硬件时都需要遵循相同的规则。这套工具与标准化的开发流程相结合，确保了总体的协调一致。例如，当印度的某个人正在创建电源的原理图，而美国的另一个人正在创建微控制器的原理图，此时，他们使用相同的数据库、相同的工具链，并在同一个系统中工作。这些集成的工具链还支持多种全球范围内的协作的方式。因此，两个原理图能够相互匹配且可以被重用，不需要重复的开发工作。也可以将 PCB 的布局作为一个可重复使用的块来开发，对于一个特定的电路而言，由硬件零件、原理图和布局所构成的关键组件就是固定的。如果有人想使用这个特定的组件，那么他只需要确保这个组件的边界条件得到满足即可，如 PCB 的层数等。于是，这个人就可以不费吹灰之力地使用这个组件。

4 级硬件重用：

第四个层次是"即插即用"。这是指在硬件方面，如同我们都知道的个人计算机和笔记本电脑。微软在发布 Windows 95 时创造了这个术语。它是指一个硬件和软件功能的组合，确保一个新的设备可以被插入或一个新的硬件可以被连接到主 PCB 上，并且能自动被检测到和自动安装驱动程序。因此，即插即用涉及标准化的硬件端口和连接器，以及当一个组件被连接时的自动检测。对于电子系统的开发，这意味着你开发的系统可以与标准化端口连接器上的特定 PCB 卡相匹配。如果你开发了各种无线电调谐器，以实现对全世界各种信号的接收，那么你可以将它们放在小型 PCB 卡上，并根据不同国家的情况将所需要的调谐器集成到一个较大的系统中。如果连接器是标准化的，而且还包括一个自动检测机制，那么，主处理器上的软件就能够立即知道需要运行哪个调谐器的应用程序。

5 级硬件重用：

最后一个重用级次是"系统"，即整个 PCB 及其所有部件都能够被重新用于另一个产品。如果这是可能的，那么你就会处在一个非常舒适的情况下。就开发工作而言，这是可能的最佳重用。如果新产品只需要一个子集的功能，而重用的平台又比所需要的贵，那系统层次的重用就可能很困难。

在这里，我还想研究不同的重用规则，以解释这对硬件意味着什么。

3.4.6.2 模块化

硬件的模块化也意味着为组件定义正确的颗粒度。如果将电阻和电容等这些部件定义为理想的颗粒度，显然是效率很低的。相反，将其组合成一个更大的可重复使用的块才有意义。一个在 PCB 上总是用于相同功能的小型微控制器可以成为一个可重用的组件，一个可以为各种产品变化进行配置和扩展的电源电路也可以成为一个可重用的组件。

3.4.6.3 可伸缩性

硬件的可伸缩性意味着能够轻松地调整一个组件或一个系统的大小。一个典型的例子是系统处理能力的调整。市场上的处理器系列大都有不同时钟速度和内存大小，它们的引脚是兼容的，所以很容易从一个处理器型号换到另一个。另外，对于一个系统的较小的变体，也可以通过移除某些部件来实现系统的可伸缩性。例如，某个架构的高端系统上需要四个类似的处理器，而你可以为较小的变体移除其中两个，或者在生产中干脆不把这些部件焊接到 PCB 上。

3.4.6.4 可移植性

硬件的可移植性与软件中的含义并没有明确的对应关系。可以考虑将原理图和布局信息从一个开发工具移植到另一个，但在一个拥有标准化工具的公司里，这并不特别相关。

3.4.6.5 可扩展性

当然，这是绝对相关的。在硬件方面，如果能预见未来的某些事情，并在你目前的设计中考虑到它们，那么这个硬件架构就具有可扩展性，例如处理器上的预留针脚、功率消耗等级或接口等。

3.4.6.6 可配置性

在这里，与软件相对应的是工具方面的问题，而不是硬件本身的问题。一旦一个部件被焊接到 PCB 上，它就被固定了，之后就不能再进行过多的配置。一些调整是可能的，但主要的配置还是来自于处理器中灵活的软件或标准化接口。如果有必要，处理器上可以被多路复用的引脚是可以被改变和重新配置的。

硬件和软件可配置性之间的一个折中的办法是使用 FPGA 的架构[⊖]。FPGA 被认为是硬件设备，但可以使用硬件描述语言进行编程。通常，固定在处理器上的硬件接口可以被自由设计、编程、配置，并在必要时进行更改。逻辑被下载到设备上，以实现各种硬件解决方案：接口、计算引擎、算法，甚至可能实现真正且完整的微控制器的功能。如果可配置性在硬件中是很必要的，使用 FPGA 是一个可能的解决方案。

3.4.6.7 开发流程

平台硬件的开发过程遵循软件开发的通常步骤。需求、概念、架构、实施和测试都非常相似。当然，软件和硬件之间存在着依赖关系，但这些并不是只针对平台的，所以我不想在这里做更详细的介绍。

此外，硬件平台的发布与软件平台的发布非常相似。它涉及利益相关者、透明的沟通，以及来自管理层、开发人员和用户的承诺等。

3.4.7 质量和稳定性

本节涉及一个平台方法的质量和稳定性。战略目标无疑是通过反复使用平台来提高其质量和稳定性。在一个理想的世界里，如果它已经被用在几个产品中，就会发生这种情况。关键组件已经经历了几个修复错误的阶段和发布，而且质量不断提高。使用关键组件的人越多，可以发现和修复的缺陷就越多。此外，参考系统是平台发展的重要组成部分，全面整合所有关键组件的过程也经历了同样的错误修复和发布阶段。相互之间的依赖性得到了解决，而且参考系统中的各种组合的稳定性也得到了证明。稳定性随着发布周期和产品数量的增加而增加。

在现实中，如果平台是率先开发的或与试点项目同时开发的，那么将其整合到第一个试点项目中可能会有很多困难，质量也可能不如预期，但随着时间的推移，质量会不断改进。管理层需要了解第一个试点项目的工作量，要有耐心，并坚持计划。一个长期的战略和可靠的规划是很必要的，要对初始开销和回报进行持续的计算。此外，还需要一个长期的技术战略，以确保平台具有大家一开始就指望的重用性。重用率将随着使用平台组件的新产品的数量增加而增加（图 3.24）。

⊖ FPGA：即 Field Programmable Gate Array，指现场可编程门阵列。

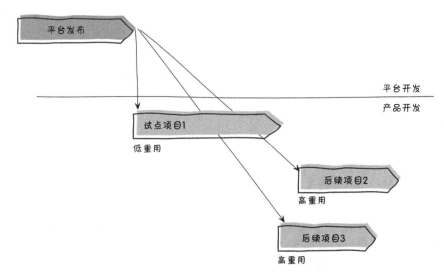

图 3.24　试点项目中的平台

3.4.8　集中存储

对于所有的重用战略而言，集中存储概念是至关重要的。所有的组件、零件、概念、设计和项目都需要有一个中央的、组织良好的存储空间。系统架构师必须能够随时访问这些存储空间，以确保所有东西都已经存储了。

当采取了集中存储的方式后，产品团队就可以采用统一的途径和方式从平台中提取关键组件，用于他们的产品（图 3.25）。

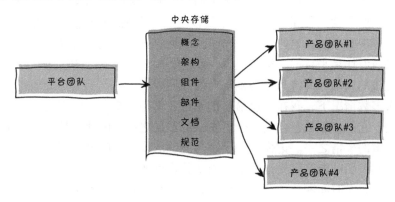

图 3.25　中央存储

在设计阶段，如果相关人员可以立即获得诸如概念、性能数字和接口描述等信息，对开发效率提升是非常关键的。这对软件库和其他各种平台交付物尤其重要，还能有效控制变更和平台中软件组件的变体数量，从而避免重复工作和不必要的工作量。

此外，对于硬件来说，重要的是要有集中的系统来存储概念、原理图、零件等信息，并实现对供应商的管理。这种方式当然也会有一些后果，比如可能导致复杂的分支结构。

3.4.9 支持和培训

平台的一个基本目标是让它被整合到尽可能多的产品中。这也意味着接触到尽可能多的人，还意味着平台开发团队需要创建一个培训和客户支持的概念。

3.4.9.1 错误修复、变更请求和功能需求

通常，最关键的事情是提供一个没有错误的系统。平台团队需要创建一个问题管理系统，用户可以在其中记录问题，并能对问题状态进行跟踪。这对于变更请求和功能需求也是有意义的。已经有许多商业性的问题管理系统，目前最流行的是 Jira。基本原则总是相同的：需要一个集中的数据库，人们可以很容易地创建一个问题单，然后平台团队就可以对其进行处理。在系统中可以管理每个问题单的透明度、优先级和状态等，并创建统计数据。

如果平台被来自不同地区和不同市场的许多开发团队所使用，就可能会出现时间和需求存在冲突的情况。因此，应该建立一个总体指导委员会来决定这些事情，从而实现平台在全球范围内保持一致。

3.4.9.2 应用工程师和集成支持

在创造了别人将使用的东西之后，重要的是让所有人都坐在一起并解释关于这个东西的一切。平台可能是相当复杂的。千万不要低估向整个开发团队解释你正在做什么所需的工作量。为此，需要设立一个特殊的角色，如现场应用工程师，这是非常必要的。这些工程师与平台的用户坐在一起，解释每一个细节。他们也可以被看作是平台的所谓传道者，要说服用户相信平台的价值。此外，他们会收到直接的反馈，并将其反馈到平台的开发中。

在大多数情况下，我在这里描述的平台并不是一个单一的产品，而是几个关键的模块。它们必须被整合到一个更复杂的产品之中。因此，整合支持是需要考虑的最关键的事情之一。记住，一个平台能够取得成功的最重要因素之一是易用性。如果开发团队能够轻松地将平台模块整合到产品之中，那么每个人都会真正看到平台在开发时间和整体开发工作量方面带来的好处。现场应用工程师可以在这里发挥重要作用。

3.4.9.3 培训

平台支持工作的一部分是创建培训材料。培训材料既可以是放在公司内部网网页上的视频，也可以是在线或线下的课程，如各种包括例子和参考实现的教程

等。培训课程需要尽早开始,以获得用户的认同,并传递相关知识。

培训课程和适当的材料是平台推广阶段的重要部分,在这里所投入的时间和精力一定会得到回报。另一方面,在这里犯的错也会破坏整个积极的势头。如果你只是把平台抛出来却不为用户提供培训,平台就不会成功,所有的投资都可能被浪费。

3.4.10 技术发布和平台开发

平台团队通常与其他组织有两个主要接口。一个是创新和技术开发团队的接口,用于接收输入并使其在平台中更成熟。另一个是与产品开发团队的接口(图3.26)。我们先看一下与创新团队的接口。

让我们假设创新团队和平台团队分属于不同的部门。在这种情况下,公司里通常有人专门负责开发新的功能和技术,并组织创新研讨会。这些技术可以是任何东西,既可能是软件功能和应用,也可能是新的硬件解决方案或系统组件,如新的 SoC 选择等。如果平台开发团队的人能参与这些活动,就能了解未来的要求,并同时获得未来可以应用的解决方案,进而反映到平台的开发之中。可以考虑建立特殊的参考系统,以便为这些技术做好准备,并在进入产品开发周期之前尽早使其成熟。这都是为了提升这些新的复杂课题的成熟度并尽早发现问题。

图 3.26 平台开发接口

这也适用于第三方的技术和伙伴关系。平台团队需要尽早参与,以避免在平台开发后期出现各种意外情况。

除了这些架构上的话题,在时间因素上达成一致也同样重要。由于平台团队总是希望尽可能提高效率,所以他们的时间通常都会被各种任务所占满。如果他们的任务已经排满了,就必须有一个来自创新部门的路线图或总体规划,并有明确的发布日期和里程碑。这样,平台就可以做相应的准备和计划。这当然是矛盾的。因为,如果技术本身目前只是一个想法,创新团队怎么能确定发布日期呢?如果一项技术的总体可行性还没有被调查清楚,创新团队又如何设置里程碑?

在这里,如果组织内针对技术开发和创新有明确的流程就会解决上述矛盾。开始时,可能只有一个非常粗略的计划,并有很高的风险。然而,平台团队都应该参与其中并了解情况。随着每一个开发的不断展开,计划被持续完善,当这个新的创新概念足够成熟时,就可以移交给平台开发团队。

在从技术开发到平台开发的交接过程中,需要有一个明确的最后节点。其关键是要准确地定义什么是可能的,以及什么是期望实现的,以便平台团队可以接过来继续开发。

通过与相关团队讨论、达成协议,并最终形成一个大家都能接受的流程,对于平台开发至关重要。

3.4.11 产品开发和平台发布

如上所述,平台团队的另一个接口是从平台到所有的产品开发团队。在这里,明确的节点和审查非常有助于了解平台中技术的进展和状态以及平台本身的成熟度。最后的节点是平台的发布,此时的平台需要具有明确定义的质量和成熟度,而且产品开发团队需要能够很容易地在他们的产品中使用这些发布。可以考虑使用文献[2]中介绍的方法,通过对技术或平台准备程度的定义来描述成熟度。

在我工作过的行业中,产品开发团队在时间、质量和资源方面的压力总是最大的。平台团队作为一种供应商,应该支持产品开发团队,最好是让他们更容易通过平台开发产品。必须考虑以下几个方面:

1. 平台需求和优先级

平台的内部客户越多,要及时满足他们的所有要求就越复杂。理想的情况是,平台团队同步开始,并在平台发布之前完成大部分工作。然后,所有的错误修复、变更请求和功能需求都有可能由现有的平台团队进行处理。尽管如此,主要的框架和内部标准应该在推出之前被确立和统一,这样产品开发团队就不会在很长一段时间内有一个移动的目标。

第一组需求可以按照上面的描述来处理。将已知的项目和对未来的估计之间做一个明确的比较,将能够明确平台所需要交付的具体成果。

在平台发布之后,需要有一个明确的指导委员会来处理各种需求并决定它们的优先级。平台团队必须有透明的路线图和功能需求,以便能够进行相应的规划。如前所述,平台团队总是被安排得满满的。因此,为了使其在复杂的开发环境中足够敏捷,仅仅在团队中使用敏捷开发方法还是不够的。因此,需要指导委员会来确定各个产品开发团队的优先级,并决定平台下一步应该开发什么。

2. 可交付的成果

让我们假设需求是明确的,优先级也已经被确定。对于平台来说,遵循适当的流程来提供易于使用的内容仍然是至关重要的。平台应该加速公司的整体开发,而不是减缓开发进程。因此,交付的内容必须易于使用,并能整合到产品中。明确的框架和工作标准对此至关重要,此外,发布的节奏和集成工作也起着重要的作用。

3. 时间安排

对平台团队来说，产品开发团队所输入的计划是必不可少的，而且产品团队如何进行发布和使用何种节奏发布也非常关键。平台团队必须要非常清楚自己的平台在被产品团队整合之前，还有多少开发时间。通常，平台的发布节奏主要有两种，一种是通过持续集成每次只发布包含较小的和可预测的更新，另一种是周期较长的重大更新。具体采用哪一种方式，总是取决于开发周期、变更请求的迫切程度和分支策略等。在这些方面需要始终保持一种平衡。

4. 支持

如前所述，平台团队需要一个强大的支持团队，以帮助产品开发团队理解和整合平台的交付。现场应用工程师、解决方案架构师和类似的角色可能是必要的。文档和培训材料对于平台的发布是必不可少的。

另一个有用的方法是将产品开发工程师轮换到平台，提升他们对平台细节的了解，然后再将他们调回产品开发团队，成为技术传道者。如果新聘人员在进入产品开发团队之前，能在平台团队中也有一个提升过程，就是一个双赢的局面。

3.4.12 供应商管理

在这里，我想简单地提到供应商管理。这是因为在所有的组织中，都需要整合第三方组件。问题是，什么样的组织设置才能最有效和最灵活地支持这种整合。依照我的经验，平台越强大，就越能有效地应对所有的供应商，因为他们有了一个明确的工作框架。

让我们抛开供应商的商业和项目管理方面，把重点放在技术细节和工程层面。通过创建一个 RASIC 图，就能够清晰地定义各种角色和责任，以及对每个人的期望。

原则上，有两个主要方向是可能的：

1. 将第三方组件整合到平台中

理想情况下，这个组件是许多其他内部开发的组件中的一个。那么，集成工作如何进行已经被很好地描述了，并为内部目的进行了很好的开发。那么问题来了，是把平台提供给第三方供应商，以便组件可以被集成和测试，还是由供应商提供组件，由内部平台团队来集成和测试。答案取决于资源、技能、时间，以及保密性要求。

这种设置与理想情况的偏差越大，就越需要进行架构方面的工作，以找到如何将供应商的解决方案整合到平台的方法。必须确定的是，这个方法是一个单一产品的解决方案，还是具有很高的重用潜力？整合应该以可重用的方式进行。

2. 将平台整合到第三方环境中

可能的情况是，平台是一个软件模块，需要在某个特定处理器上运行。该处理器可能是由供应商提供的，并包含一个可能与平台软件冲突的软件分区。这又是一项重要的架构工作，架构师需要提供可能的方案和建议，以将平台软件整合到处理器上。

3.5 组织方面

> 文化把战略当早餐吃。
> *Culture eats strategy for breakfast*
>
> ——彼德·德鲁克
> 美国、奥地利作家、教育家、管理专题顾问和目标管理的发明人

3.5.1 平台开发组织

需要特别注意的一点是，应该以平台思维来组织开发活动。对于平台开发而言，组织架构可能是需要考虑的最重要的事情之一。面临的挑战是如何让团队达成一致，对平台思维有一个共同的认识，避免不必要的交接，并创造一种所有权意识，同时平衡整个工程团队的技能和角色。引入平台开发通常需要一个有效的变革管理方法，因为我们可能需要改变组织中许多工程师的思维方式和开发风格。因此，思维方式是我想在这里补充的第四个方面（图3.27）：

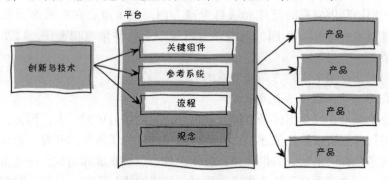

图 3.27 平台思维方式

创建一个有效的组织结构并不是一件容易的事，它取决于许多必须被考虑的因素。通常情况下，如果公司引入平台，整个工程团队都会参与进来。第一个问题可能是关于究竟应该创建一个中央平台还是每个功能领域的几个平台。

一个中央平台将意味着创建一个由所有领域的专家组成的团队，他们开始与工程团队的其他成员并行开发一个平台。这个团队可以在平台推出之前并行工作

一段时间，然后让所有其他团队使用这个平台。

几个平台则意味着要求每个功能领域都要创建自己的平台。可能会有一个系统部门收集所有不同的平台，并将它们整合到一个主要平台，但这不是必需的。

究竟应该选择哪种方式，完全取决于每个公司在技术、产品和团队规模等方面的设置。

公司通常不会从一开始就采用平台思维。平台思维的形成通常是从解决一些工程问题开始的，需要一个进化的过程。所以，在引入平台战略时，公司中通常都已经有了一个工程开发的组织。因此，要确保采用有效的变革管理方法，并考虑到从当前情况到理想情况的过渡阶段。

让我们假设公司经历了我们在前一章讨论的串行和并行开发的进化步骤。现在，公司想在大致相同的时间内并行开发几个类似的产品，于是，公司在开发时考虑采用平台思维。在这种情况下，使用一个适当的平台来支持所有这些产品是很重要的。在这里，我想讨论一下这对组织有什么影响。

3.5.1.1　各部门和平台团队

我们是否需要围绕平台开发创建专门的组织？我在这里的态度是——肯定是！首先，正如我在本书这一部分的开头所说，需要公司里最聪明的人。他们必须在自己的领域有很高的技能，并且有足够的相关历史背景，无论这些背景是来自你的公司还是其他公司。此外，他们必须对未来几年的市场走向有广泛的了解，还必须有硕士或博士学位和 10~15 年的经验等资格。此外，要多关注受过最先进教育的年轻人，并将他们添加到平台团队中，以开放的心态将大学中最新的想法和创新融入讨论。之所以需要这些人，是因为他们将为公司未来几年的发展创造基础。他们越优秀，平台开发的效率就越高。

现在，所需要做的是开发和测试关键组件、框架和参考系统以及相关流程。不要忘记变革管理，这一点至关重要。

根据平台的规模和范围，可以根据创新、平台和产品开发的流程来划分团队。是否在职能领域之间拆分的决定高度取决于公司产品的技术复杂性。汽车行业的多媒体主机是相当复杂的，为了处理这种复杂性，有必要在专业部门中进行拆分。这些部门可能会开发自己的平台方法，并交付给一个更大的系统平台。

康威定律[○]指出，组织中的系统设计遵循公司中的沟通结构。这意味着它遵循部门结构，也就是说，一个优化的组织应该遵循系统中的架构。当然，这也对平台组织有影响。

根据平台的范围，需要为每个技术领域配备专门的架构师和专家，以涵盖所有相关的硬件、软件和机械部分。如上所述，合理的选择应该是由一个系统平台

○　1968 年 4 月，Melvin E. Conway 的论文 *How Do Committees invent?* 中的著名理论。

团队来创建框架、开发标准和围绕平台的主要流程。系统部门负责收集技术领域各个部门的交付，并负责将这些交付整合到参考系统中。平台活动的最后阶段是进行测试和整合，此后，平台团队就可以向组织的其他部门发布有价值的东西了。这些考虑导致了另一种组织策略，即平台开发具有类似于产品开发的设置。强烈推荐要设置一个系统架构师，而且需要一个熟练的测试团队，以验证所有的交付物和发布。

平台团队中也要设置一个项目管理组织。根据团队的规模和所使用的方法，需要几个人制定计划并帮助团队制定工作分解结构（WBS）和优先级。如果采用敏捷开发，产品所有者和 scrum master 的角色可能是必要的。更多细节将在后面的平台项目管理章节中提供。

组织的另一个问题是，平台开发究竟是在推出后就可以冻结的一次性活动，还是需要被持续开发和维护，以进一步改进、升级、增加新功能，从而一个接一个地发布。

如果采用开发平台后便将其冻结的方式，那么就会带来一个问题：谁负责平台后续的维护和支持。平台的开发团队可能仍然需要持续存在，这样他们就可以进行错误修复和处理变更请求。此外，如果有必要的话，小的功能添加也是可能的。从知识传承的角度来看，这是非常理想的情况，因为平台的开发者仍然可以提供对平台的支持。然而，对于平台工程师来说，从具有高度创造性的平台创建工作到维护任务的转变可能是令人沮丧的。因此，应该考虑成立一个专门的维护团队。

让我们考虑另一种选择：一个平台的第一代已经完成，但平台开发仍在继续，并不断地增加一些新的功能。此时，开发团队忙于持续升级平台，但修复错误和更改请求会带来大量的工作，这一点需要明确考虑。一个有效的解决方案可能是增加一个专注于维护和支持的新团队。

可以考虑让一些平台专家兼任解决方案架构师或现场应用工程师，以帮助客户团队将平台整合到最终产品中。

3.5.1.2 管理层

此外，确定如何将平台引入公司也很重要。平台团队的职责是需要涵盖技术部分，并创建平台的技术基础。平台工程师要为其他工程师提供培训，现场应用工程师负责帮助处理各种客户项目，支持他们的架构或整合。

但除此之外，管理上的全面协调一致也肯定是必要的，同时还要有一个自上而下的信息来确保平台成功。在平台的整个生命周期中，始终需要自下而上和自上而下的方法相结合，而且，这两种方法建立和维持得越好，平台就会越成功。

总的来说，管理层负责创建一个平台组织，关注变革管理，并耐心地坚持战略和时间计划。

3.5.2 时间安排和团队规模

我们不是生活在一个完美的世界里,人、团队和战略都在变化。因此,讨论引入一个平台的时机会有所不同。此外,如前所述,团队规模是一个关键因素。

3.5.2.1 从零开始

首先,在创业环境中,开发部门有可能从头开始。因此,你需要研究一下,平台方式是否从一开始就有意义。这取决于你心目中的商业机会。当你的目标是向客户多次出售商品,就应该考虑采用平台方式。这是最容易的情况之一,因为无论如何,通常都有一些预算可用于开发。技术和商业开发是并行开始的。随着平台的发展,潜在的客户也在增长。因为还没有产品,所以整个开发团队尚未被产品开发所完全占据,他们可以专注于理想的平台开发。当然,根据生产、产品和商业模式的不同,平台进入产品阶段的时间迟早会到来。平台团队的规模至少应该和完整的产品开发一样大。在产品开发时需要额外投入一些人力(例如,10%),以便在开发时考虑到平台思维并创造重用。但是,如果你从一开始就确定了所有的标准、框架和流程,这种投入可能也会很快得到回报。

3.5.2.2 从项目中开始

第二个选择是在正在运行的项目的开发周期中开始。想象一下,你的公司增长迅速,项目在世界各地以几种不同的方式进行开发。现在,你应该调查是否引入一个平台方法来改变整个开发战略。这是最有趣但也是最具挑战性的选择,因为需要额外的投资来创建一个平台团队。所有其他的开发人员通常都被完全分配到产品开发任务中,但平台本身也可以算作一个完整的产品,因此,当然也需要有一个适当的开发团队,根据经验,这会带来10%的额外开销。为了创建架构并实现它,这种开销是必要的,以便能够实现重用,而不是针对产品的直接开发。

在所有的组织中,都有必要建立一个专门的团队来开发平台,与产品的开发同步进行。平台团队有机会在其他团队和客户接手之前创造一些东西,并为后续支持和维护投入巨大的工作量。在产品团队中启动平台也是可能的,但并不容易。如果一个产品项目正处于紧张的开发过程中,人们总是会优先考虑这个项目而不是平台活动。如果工程师们被产品开发活动反复干扰,那么平台团队创造一些东西的时间就可能需要很长。管理层的挫折感可能因此会增加,最终导致平台不成功。

3.5.2.3 杀死平台

第三个选择不涉及创建一个平台,而是停用一个平台。记住,软件通常有一定的寿命。它也在不断老化。总有一天,架构、接口、概念和功能会变得非常老旧,不再符合当前的要求,维护工作变得比从头开始新事物所需的努力更大。

我记得有一个软件工具,在 2015 年左右还在维护,是用 Borland Pascal 编程的。简直难以置信!因此,可以想象,迟早会需要认真调查一个现有的平台是否还应该被继续维护。

其可能性如下:
- 继续维护:它仍然足够好。
- 重构:重塑平台,让重要的部分重新焕发活力。
- 杀死:平台无法被重塑,必须从头开始采取新的方法。

为了做出这一决定,应考虑以下几点:

维护工作可能每年需要几个开发人员,有可能因为工具过时或类似的原因,从而导致无法在平台中迅速增加更多的功能。

重构可能需要几个开发人员来实现,也需要其他的开发者来维护这个平台。有了更新的工具和方法,平台可能会再存活一些年。

杀死平台意味着要么投入大量的工作量以从头开始创建一个新的平台,要么不再开发一个平台。当然,"杀死"意味着找到一种有效的方式来逐渐减少对现有平台的使用。一些项目可能仍然想使用它,而另一些项目可能需要从头开始。一种可能性是把平台交给每个单独的产品开发团队,由他们决定是否继续使用这个平台。

3.5.3 平台项目的管理

平台开发的项目管理是相当复杂的。想象一下,在研究和创新部门有许多正在开发的技术,它们都将在某个时间点被移交给平台开发,以整合到平台上。另一方面,还有无数的内部产品开发团队在等待发布和错误修复,他们不断要求平台工程师进行修改和支持。当然,还有主要的平台开发项目,它需要项目管理来定义、跟踪和管理开发团队的任务。对于平台开发中的项目管理来说,创建一个整体的总计划来描述和管理所有的活动和依赖关系是至关重要的。

在汽车行业,产品开发团队的时间表总是很紧,而且不是很灵活。相比之下,技术部门给出的时间表通常不是很可靠。他们在可行性研究和尖端技术方面的工作越多,他们就越不能给出可靠的计划。这是由研究和创新的性质所决定的。处于中间位置的平台团队在平台创建方面有可能有自己的计划,所以他们可能无法完全专注于整合来自技术部门的功能。所有这些都需要非常小心地平衡,而且不容易管理。特别是,如果平台在开发初期就被推出,而平台仍在进行重大的升级和变化,那么版本和向后的兼容性将成为问题。这也增加了项目管理的复杂性,包括发布和版本管理。

以下几个方式可以有助于处理这种复杂性:

1) 选择一个有效的项目管理方法:对于产品开发团队而言,传统的瀑布式方法对具有严格最后期限的产品开发很有意义。而敏捷开发可能更适合于应对那种技术发布的状态和时间不可知、错误修复和变更请求的数量不可预测，以及利益相关者众多情景下的复杂性。像 SAFe 这样的规模化敏捷方法可能有利于处理以上所有这些问题。读者将在本书最后一章的敏捷开发章节中了解更多关于敏捷和 SAFe 的信息。

2）利益相关者管理：如上所述，在平台内部开发，和为产品开发的团队所输入和输出的技术之间，必须取得平衡。定期开会并了解期望是很必要的。一个指导委员会也是必要的，以讨论依赖性和决定平台团队的优先事项。

3）优化的发布节奏：即使在汽车行业，产品团队也有一些灵活性。如果平台团队所提供的发布计划中的时间是非常可靠且可预测，并且他们也能够严格按照计划执行并交付高质量的平台，产品团队就有机会进行自我调整。平台的发布节奏取决于许多因素，需要谨慎选择。这也取决于产品团队执行持续集成的能力，或者他们是否能够接受那种变更巨大的平台发布。

4）时间安排：尽量避免过早开始发布平台。平台需要一定的成熟度，这样未来的变化才不会太大。如果能做到这一点，就可以大幅度降低由于版本和向后兼容性的问题所带来的巨大风险。

一般来说，平台团队的建立是为了提高组织的效率。如果这个团队已经被完全占用了，平台产品负责人必须在平台内部开发和功能整合之间创造一个良好的平衡，从而使平台的发布符合产品的开发要求。如果一个团队的工作内容总是被安排得满满的，那么需要一个有效的方法来在任何时候迅速改变优先级。以下是两个基本点：

1）敏捷开发的应用是为了迅速改变开发方向。

2）如上所述，一个指导委员会能够将所有利益相关者迅速聚集在一起，并决定是否改变方向。

平台项目管理能够使依赖关系透明化，并可以立即展示潜在变化的后果。只有这样，指导委员会才能高效工作。

3.6　为什么平台会失败

正如前面在介绍中提到的，有几个原因可能导致平台的失败，或者开发平台的战略刚刚实施就有人不遵循。

我认为有四个主要原因：

1）沟通：大多数时候，人们不清楚什么是平台。人们有不同的期望，团队有不同的方法来开发平台。

2）成本：在大多数时候，成本和工作量的估算都不够全面，所以管理层只能看到平台的初始投资。这当然比个别的、直接的、针对客户的开发要高。然而，随着时间的推移，平台的收益逐渐显现，并从长远来看节省了成本。要进行精确的计算，需要考虑几个因素，包括当今技术复杂性在总体上不断上升的因素。可以通过对没有平台时的项目成本进行模拟，以展示平台所带来的效益。

3）重用：实际的平台开发方法需要非常谨慎地选择。究竟哪种方法是正确的，并能真正带来效率，而不仅仅是大量的开销，这取决于产品组合、客户情况和系统的复杂程度。这有时会出错，因此，人们可能对平台方法有不好的体验，并拒绝在上面工作。这就是为什么我喜欢把它称为一种战略：有必要从管理层获得投资于平台开发的战略决定。管理层需要一个投资于未来的长期视角。此外，公司中最聪明的人需要尽量投入到平台开发中，并定义平台开发的层级，以及如何从中获得最大的重用。他们需要在公司、市场和客户方面有长期的经验，以评估平台和定制之间的确切界限。

4）公司规模：我的经验表明，当公司变得大而成功时，特别是当它们有几个项目在并行运行时，平台开发就变得很重要。更大的产品组合通常会带来发现重叠部分和利用协同效应的机会。然后，开发也可能分布在全球；每个地区都有自己的工程领导；而且他们都有自己的计划。这意味着，公司越大，平台开发就越有意义，但在所有工程团队中实现全球统一也越难。

让我们继续讨论管理问题。管理上存在着无数的陷阱，但我想讨论的一个主要问题是导致平台失败的三角关系。

3.6.1 导致平台失败的三角关系

这个三角形由三个主要影响因素组成，并决定了一个平台是否能够成功。三角形的第一个角是管理和自上而下的信息。一般来说，沟通是支持变革管理的一个关键方面，这是使平台成功的必要条件。第二个角是特定公司的公司规模、全球足迹⊖，特别是在工程开发领域。第三个角是技术战略和内容方面的平台质量。如上所述，平台需要满足产品要求，并需要易于使用（图3.28）。

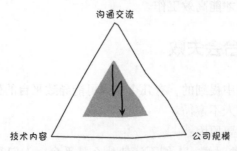

图3.28 导致平台失败的三角关系

⊖ 指公司在全球的布局。——译者注

这三个角都有相互之间的关系:
- 公司越大,越需要管理层自上而下的信息,以确保平台被接受和使用。
- 平台的质量越高(在技术战略和内容方面),管理层就会越相信,就会越支持平台的活动。
- 公司越大,其团队越分散在全球各地,就越难有一个中央的、高效的平台团队来创建一个高质量的平台。

现在,让我们讨论一下还有哪些地方会出错。

3.6.2 管理失败

首先,管理层需要充分支持平台战略。如上所述,在一个大公司里,管理层必须自上而下地发出信息,以便工程部门有一个明确的方向。

第二,管理层需要确保公司中最优秀的人在平台上工作,以最佳的策略创造最高的质量。

第三,管理层需要有耐心,从一开始就以正确的方式计算所投入的资源。工作量估算是必不可少的。如果管理层在平台开发过程中决定不再进行平台开发,那么大量的资金将被白白浪费掉。

3.6.3 工程失败

创建平台的工程团队必须有正确的心态,有重用和面向未来的开发意识。如果他们创建的架构不能重复使用,或者在平台和定制之间划定错误的界限,就会失败。

作为内部客户的工程团队必须接受平台,并与平台团队进行合作。如果这种关系不够融洽,那么将带来大量的麻烦。

3.7 总结和平台开发食谱

如果一个公司决定研究平台开发,必须对许多议题进行评估,而且必须非常谨慎地做出决定。我想提供一本有明确步骤指导的食谱来总结上述内容。

让我们假设你被雇佣到一家电子产品开发的公司,你负责从头开始创建一个平台。管理层期望你能提高效率,并精简所有的工程活动。你应该如何开始呢?正如我前面提到的,从进入各部门开始,与人交谈,找出公司正在开发的所有产品之间的重叠之处。为了获得一个全面的情况,还要考虑到时间和地点。这样应该可以得出关于各产品之间重叠情况的总结,从而很容易提出第一个提议。

然而,通常情况下,你需要提前一步开始,并提出以下问题:你对平台的理解是什么?以下是一个工程社区的平台开发和变革的最终食谱。

1. 分析
   - 了解该公司的愿景、使命和价值观是什么。
   - 了解平台在这个特定公司或部门的含义。
   - 了解需求是什么,人们为什么考虑开发一个平台。
   - 找出谁是平台的利益相关者,谁是反对平台的。
   - 找出人们对你的实际期望和任务是什么。
   - 了解有关过去、现在和未来产品开发的一切:
     - 有多少种不同的产品?
     - 通常的开发时间是多少?
     - 开发团队在哪里?
     - 顾客在哪里?
     - 所有这些产品的要求是什么?
     - 常见的挑战和瓶颈是什么?
     - 是如何计划预算和如何分配资源的?
   - 与每个产品的首席软件工程师交谈:
     - 他们正在使用哪些工具?
     - 使用的是什么编程语言?
     - 支持哪些处理器?
     - 使用的是什么操作系统?
     - 开发了哪些驱动程序?
     - 开发了哪些中间件?
     - 开发了哪些应用程序?
     - 使用和集成了哪些第三方组件?
     - 使用什么测试系统?
     - 生产环节需要哪些工具?
     - 常见的挑战和瓶颈是什么?
   - 与首席硬件工程师交谈:
     - 他们正在使用什么工具和数据库?
     - 开发了哪些组件和构件?
     - 使用的是什么处理器和集成电路?
     - 谁是供应商和分销商?
     - 使用什么测试系统?
     - 产品生产是怎么进行的?
     - 常见的挑战和瓶颈是什么?
   - 与首席机械工程师交谈:

- 使用什么工具？
  - 使用了哪些材料？
  - 执行了哪些测试？
  - 产品生产是怎么进行的？
  - 常见的挑战和瓶颈是什么？
- 与预研开发部门交谈：
  - 哪些技术正在开发中？
  - 哪些技术在研究部门即将出现或正在调查？
  - 时间表是什么？
  - 常见的挑战和瓶颈是什么？
- 与产品管理部门交谈：
  - 最新的产品战略是什么？
  - 竞争格局是什么样子的？
  - 供应商格局是什么样子的？
  - 哪里存在伙伴关系或行业合作？
  - 常见的挑战和瓶颈是什么？
- 与项目管理部门交谈：
  - 项目是如何管理的？
    - 敏捷
    - 瀑布
  - 在预算和资源方面的期望是什么？
  - 在时间表方面的期望是什么？
  - 挑战和瓶颈是什么？
- 与管理人员交谈：
  - 团队是如何组织的？
  - 各小组有哪些角色和责任？
  - 任何挑战或瓶颈。
- 与首席技术官交谈：
  - 公司的技术战略是什么？
  - 哪些伙伴关系是必不可少的？
  - 平台应该发挥什么作用？
  - 挑战和瓶颈是什么？
- 与人力资源部门沟通：
  - 通常使用哪些变革管理流程？
  - 有什么激励措施可以支持开发方式的改变？

- 如何处理年度目标？
  - 关于工程领域的职业阶梯有哪些挑战和瓶颈？

如果这些问题都得到了回答，你就可以对公司的情况有一个全面的了解，你就可以开始创建一个平台战略。

2. 准备工作
- 创建和调整一个平台故事：
  - 什么是平台，为什么需要平台？
  - 该平台如何能在公司的愿景、使命和价值观中立足？
  - 该平台如何能在公司的技术战略中立足？
  - 该平台可以改进什么的例子。
  - 将期望与你的发现进行比较，并与利益相关者保持一致。
- 从分析中比较项目之间的差异：
  - 比较系统架构。
  - 比较功能和技术。
  - 比较框架和操作系统。
  - 比较硬件构件。
  - 比较机械解决方案。
  - 比较工具。
  - 比较挑战和瓶颈。
  - 创建对比表，快速找到相似之处。
- 缩小重用层级：
  - 哪些层级的重用是最有希望的？
  - 与技术专家达成一致，创造一个概念，在平台和特定产品的开发之间划分界限。
- 调查新技术：
  - 新技术有哪些系统影响，是否有必要在平台开发中考虑这些影响？
- 为如何建立一个平台组织准备好选项：
  - 创新、平台和产品开发之间的潜在分割方案。
  - 并行启动平台团队或在现有团队设置内启动。
  - 一个涵盖所有主题的平台或几个分散的平台。
  - 哪些人和团队是管理和开发平台的潜在人选？
  - 架构师团队应该是什么样子？
  - 项目管理是什么样子的？
  - 谁是客户、利益相关者和决策者，他们如何能正式参与？
  - 与管理层和人力资源部门讨论变革可能性有多大，以及如何进行变革管理。
- 创建一个高层次的项目计划来创建平台：
  - 范围和技术概念是什么？
  - 开发平台的工作量和时间表是什么？
  - 有多少人是必要的，技能是什么？
  - 工具、设备、设施和地点的潜在成本。
  - 潜在的主要里程碑，以及期望从平台开发中获得明显的好处的时间。
  - 该平台的推广计划。
  - 哪种项目管理框架和工具最适合平台开发（敏捷或瀑布）？
  - 模拟不同的项目计划方案，以证明最有利的方案。
- 在与管理层达成一致后，创建一个最终计划，主要包括应该做什么和谁会受到影响。

这些任务为平台开发做准备。在这个阶段结束时，你应该能够向管理层展示它的内容。理想情况下，你可以创建一个以上的方案来提供一些选择。

通常情况下，在做出决定之前，还需要进行一些澄清、调整和谈判。然而，我们假设已经进行到了下一步，此时每个人都加入了，并且管理层对平台开发项目给出了明确的启动指令。

下一步通常是电子产品开发中的常规项目设置。通过本书第 2 章的学习，我们要确保系统工程或系统架构方面从开始就有正确的设置。从任何角度而言，平台都可以被看作是一个系统，需要一个系统架构师来领导整个架构的讨论。即使公司决定只开发一个软件平台，它迟早需要被集成到一块硬件上，因此，系统架构师的作用是不可避免的。

然而，平台开发通常不只是一个项目，它会影响到整个工程组织。这意味着，建议特别关注变革管理，以使每个人都加入进来。

对于下面的执行阶段，我们想简单介绍一下常规的项目设置，但主要关注平台部分。

3. 执行
- 变革——取决于平台的规模和工程团队必要的组织变革，为了让每个人都了解相关的变化，准备工作是必要的。
- 启动——假设组织变革得到了沟通和处理，就可以组织启动仪式，并邀请所有参与的人和团队参加。
  - 邀请所有受影响的人，如利益相关者、管理层和开发者。
  - 告知他们相关的期望、概念、范围、受影响的团队和时间表。
- 团队设置——理想情况下，应该组建一个由项目经理、系统架构师和产品经理组成的团队来领导整个平台项目。如何选择各个架构师、开发团队和项目负责人，取决于平台的规模和主题。

- 项目管理设置——根据框架的不同，必须实例化通常的手续，例如工具、事件和节奏，以对正在运行的项目进行设置、检查和调整。应定义升级路径，并应定期向必要的管理层进行报告。

- 变革管理——根据影响，可能需要时间来说服所有人了解平台战略。不仅需要说服开发者和利益相关者，还需要说服平台的未来客户，他们需要从一开始就参与进来。

- 推出平台——平台团队迟早都会发布他们所开发的平台。发布工作需要从一开始就进行适当的规划和沟通。文件、培训和支持工程师，所有这些都是确保成功的必要条件。

- 发布和维护——根据平台的长期战略，可能需要一个维护计划或定期发布的计划。确保内部客户对平台战略感到满意或信服。

- 报告和演示——除了定期地对管理层进行报告，定期进行平台演示对展示组织的进展和成功也很有意义。可以考虑采用敏捷开发，因为定期演示是其项目管理框架的一个重要部分。

- 指导委员会——建立一个由决策者和利益相关者组成的委员会，以决定平台发展的方向和重点。

- 四项原则——始终牢记平台成功的四项原则，并始终努力实现这四项原则：
    - 通过重用提高效率和质量。
    - 为内部客户创造易于使用的东西。
    - 创造动力，使之成为现实。
    - 创造一些真正符合公司产品格局的东西。

- 三个主要问题——始终记住平台发展的三个主要威胁，并试图克服它们：
    - 缺少管理协调和内部沟通。
    - 公司规模过大。
    - 技术范围没有得到很好的界定。

通过这份食谱，你应该能够评估并开始平台开发。当然，许多详细的方面是需要调查和考虑的。然而，我希望你能把它作为你面对特殊情况时的通用指南。

通过以上的学习，你现在应该对属于平台开发策略的各个方面以及平台开发可能是什么样子有了很好的了解。

本书的第 3 章描述了平台开发策略。我涵盖了平台开发的商业、技术和组织方面，并以平台开发食谱作为本章的结束。

在本书的第 4 章，我想告诉你行业中还发生了什么，以及它如何影响系统架构和平台开发。

第4章 AI、敏捷开发与组织

在本章我想讨论一些今天在行业中到处可见的话题,以及它们与系统架构和平台开发的关系。我选择了三个我认为是当今与平台开发最相关和最有趣的话题。

第一个话题是机器学习和人工智能技术。我想提供一个关于其主要类别和主要内容的概述,以了解哪些系统架构原则是与之相关的,平台开发方法是否可行。

第二个话题是敏捷开发,我在以前的章节中多次提到。我想概述一下目前在业界发生的事情,以及这对系统架构和平台开发意味着什么。

第三个话题是组织变革。自从亨利·福特创造了传奇的T型车以来,工业已经经历了几个演变步骤。工业4.0和管理4.0是当前的流行语,我对此进行介绍,并再次将其与系统架构和平台开发联系起来。

让我们从机器学习和人工智能开始。

4.1 机器学习和人工智能

4.1.1 机器学习

机器学习的原理可以追溯到18世纪,当时托马斯·贝叶斯等人在致力于数学问题的解决方法。从那时起,经历了多个阶段后才有了我们今天所能够获得的方法组合。你在维基百科上可以看到一个明确的时间轴。

一般来说,机器学习可以分为三个主要类别。

第一类被称为"监督学习"。想象一下,你有一个系统,接收图片作为输入数据,并输出这张图片是否显示一个圆。系统内部的算法需要知道一个圆是什么样子。通过训练数据创建一个模型,它被调整后能够处理某些圆形的变体。这个模型是使用被标记后的数据集来训练的,这些数据集已经被标记为有"圆"或"没有圆"。系统训练完成后,可以作为一个应用程序使用。如果预处理过的输入信号在某些界限内与模型相等,模型输出将是"是的,这是一个圆!",或者说它是一个圆的概率有多大。监督学习意味着你已经在算法内部创建并训练了一个模型和一个决策实例。当然，大多数应用要复杂得多。人脸识别和手写检测等应用都使用了监督学习。

第二类被称为"无监督学习"。在这里，数据集没有任何标签，人们试图找到模式。所谓的分类器被用来创建相似性的群体。一个例子是将年龄或性别与某些购物行为相关联的用户调查。算法、聚类方法和解决方案的组合是巨大的，科学界已经进行了几十年的相关研究。对于那些有兴趣的人来说，一个好的起点是理查德·O. 杜达的 Pattern Classification[14] 或汤姆·米切尔的 Machina Learning[15]。

第三类被称为"强化学习"。这涉及代理人通过数据或在环境中工作，并获得基于行动的奖励。奖励可以是积极的，也可以是消极的，因此代理人可以调整他们的行为并优化他们的行动。一个明显的例子是一个自动化的股票交易代理。简单的功能是"最大化金钱收益"，代理人相应地买入和卖出。算法很复杂，当然应该是弹无虚发。

这三种方法都有一个共同的特点，即需要大量的数据来学习。此外，训练过程可能会消耗大量的计算能力。而且，必须考虑应用实时处理，以产生结果和概率。

机器学习的实施可以通过各种方式进行。特征提取和分类算法可以在 DSP 上实时运行；Python 脚本可能在云服务器上运行；实时传感器输入可能与你的电子设备相连；或者你可能需要像谷歌、Facebook 或亚马逊那样拥有大量的用户数据，并使用这些数据进行工作。

一般来说，机器学习会从经验中产生知识。

4.1.2　人工智能

> 人工智能可能是人类最好或最坏的事情。
>
> *AI is likely to be either the best or worst thing to happen to humanity*
>
> ——史蒂芬·霍金
> 理论物理学家和宇宙学家

关于智能机器的想法可以追溯到几百年前，但人工智能（AI）这个词是 1956 年在美国新罕布什尔州的一个研讨会上诞生的。从那时起，人工智能一直是计算机科学的一部分，描述的是与人类智能相似的机器行为。这其中的因素是学习和解决问题。它借鉴了多个科学领域，如计算机科学、工程、数学和心理学。它也跨越了从非常简单的机器学习方法到拥有比我们更多脑力的类人机器人。今天最先进的系统可能是在机器人学和自然语言处理领域。

人工智能可以被细分为强人工智能和弱人工智能。弱人工智能专注于某些问题，如人脸识别，而强人工智能则涉及人类智能和技能的重现。强人工智能到现在为止仍然是一个愿景。人们所谈论的"奇点"是一个特殊的时间点，人工智能将比人类智能更强大，并将接管发展。这是一本关于未来的书中的一个章节，我们想在这里重点讨论弱人工智能。

人工智能还可以细分为基于知识的系统、模式识别、预测和机器人技术。目前的语音助手，如 Alexa、Cortana 和 Siri，已经相当智能。它们可以理解人类的声音，通过大量数据库进行搜索，并搜索相关的答案。它们可以帮助用户控制他们的智能家居，在音乐流数据库中搜索他们最喜欢的歌曲，并帮助他们写电子邮件和信息。由于开放的 API 标准，这些应用正在不断增加。当 Alexa 能够开始移动、打扫我的房子、为我煮咖啡之时——就是它对我来说变得有趣的时候。就目前而言，我对从每个用户那里捕获的大量数据略感担忧。数据隐私和这些海量信息数据库的所有权是该行业必须解决的最大课题之一。在系统架构方面，语音助手的例子是一个有用的解释。

4.1.3 对系统架构的影响

如果我们研究上述信息，会发现算法、巨大的数据集、训练阶段、智能设备、连接性、云处理和机器人技术，这些元素可以很容易地用系统架构原则来描述。

1. 算法

算法通常有输入和输出接口，还需要另一个接口来配置和控制它们。它们或多或少作为软件在处理器上运行。根据所需的处理能力，人们可能要选择不同的处理器来运行这些算法，其范围可以从用于简单机器学习任务的普通 DSP 到深蓝这样的超级计算机。

2. 巨大的数据集

首先，需要收集数据集，这已经是一个具有挑战性的任务。让我们想象一下，你想创建一个机器学习方法来检测图片中的汽车。你需要手动翻阅大量的图片集，并记下其中是否有汽车。然后，这个标记的数据集可以用来训练算法。此外，数据集需要存储空间以及某种组织方式，如数据库。在此之上，你可以轻松地浏览数据并创建各种搜索查询。

3. 训练阶段

大多数人工智能和机器学习系统都涉及训练阶段，可以在真正的应用开始之前或在运行时执行。当然，这对你的电子设备的处理能力和内存有很大影响。例如，如果整个训练阶段是离线的，只有产生的模型需要下载到你的设备上，那么在模型运行时的要求通常会低很多。但离线训练阶段本身可能会很长，在专用计算机上的计算时间通常为数天。

4. 智能设备

从语音助手的例子中我们可以看到，分布在各处的小型设备作为智能云的眼睛、耳朵和嘴巴，起到了很重要的作用，如果没有这些小型设备，云本身没有办法发挥作用。语音助手设备配备了传声器和扬声器，摄像头也即将问世，如果将它们与更多的传感器结合起来，设备将立即变得更强大，甚至使其比人类的感知能力更强。温度、空气压力和湿度就是例子。雷达和电磁场测量很容易被添加进设备，这些功能使设备具有超人的功能。指南针和 GPS 数据已经是所有智能手机的标准功能。现在，想象一下，你的智能手机总是用所有的传感器进行测量，并将所有收集到的数据报告给一个智能云。数据带宽将是巨大的，只有通过一个复杂的连接概念才能实现。或者，可以在智能手机上对数据进行一些预处理，以大大减少带宽需求。

5. 连接性

如果设备能够通过 Wi‑Fi 或 5G 的接口通道，将所有东西以合理的实时方式传输到云端，并接收云端返回的数据和指令，云端的处理能力就需要足够高，以处理所有这些数据和指令并创建结果。有几种架构是可能的，如将非常小的设备作为终端，将测量数据送回云端。或者在两者之间部署边缘设备，捕获大部分的传感器数据并进行第一次解释和数据压缩。

6. 云处理

你可以租用服务器，例如亚马逊或谷歌的服务器，并将其人工智能功能用于你的应用程序。你需要一个接口以接入云，还有许可模式，也许是安全检查，以及你的应用程序的前端——当然你也需要一个漂亮的应用程序。你可以将处理和数据存储放到云端。

7. 机器人技术

这可能是关于系统架构的最先进的人工智能类别。看看波士顿动力公司最近开发的机器人就知道了。这些都是机械工程和人工智能技术的杰作。

我没有明确提到自然语言处理这个类别，因为这是上述大多数类别的混合物。既需要算法来正确检测语音，还需要巨大的数据集来训练模型。而且它们可能是在云端运行，在个人设备上有一个用户界面。

总结一下系统架构方面，你必须处理好处理能力、内存、接口、分布式系统和机械。听起来很熟悉，对吗？复杂程度和规模比以往任何时候都要高，但有了像本书第 2 章所述的分层和系统的方法，就没有什么是不可能完成的了。

尽管如此，在人工智能和系统架构的结合背后，还有另一个有趣的方面：通过人工智能和机器学习，可以增强当前的工具集，从而使系统架构师的生活更容易。许多系统架构设计任务涉及数据、比较和决策，以及按照一定的规则工作。在人工智能和机器学习的帮助下，可以有巨大的机会将这些任务和过程自动化。因此，用系统架构原理创建一个人工智能和机器学习系统不仅有意义，而且用人工智能或机器学习增强的工具解决系统架构的挑战也非常有趣。

4.1.4 对平台开发的影响

我们如何为机器学习和人工智能创建平台或可重复使用的组件？可以使用前面平台章节中提到的同样的原则：研究我们的系统和应用，估计未来的市场，找到产品和应用之间的相似性。哪些类型的组件需要一直存在？实施一些分类方法并在可能的情况下重用它们是有意义的。如果一个云和一个进入云的强大接口总是必要的，就应该对这部分的重用进行投资。也有可能数据的收集总是相似的，那么就应该投资于一个共同的工具和数据库设置。所有的一切都取决于你的技术和产品战略。只要你对未来的机器学习和人工智能的活动进行估计，你就会发现哪里有重叠，哪里使用平台方法更有意义。

如果你的公司也开发了平台来支持机器学习和人工智能，那么，就不仅应该从公司内部考虑重用，也可以考虑把平台卖给别人，集成到他们的产品中。

4.2 敏捷开发

敏捷！这个话题其实也不新鲜，但今天的时机似乎很好，每个人都想跳上这趟列车。今天的技术变得越来越复杂，市场和产品都在快速变化，为了应对变化的速度，对敏捷开发这种解决方案的需求很高。用敏捷开发方法改造一个组织，有时并不应仅针对项目管理的设置。当敏捷被用来改造一个组织时，有时候敏捷只是被当作其他事情的触发点。在这里，我们只关注与项目管理和开发流程相关的话题。

开发背景下的敏捷一词最早出现在 2001 年的美国犹他州的雪鸟会议上。在这场传奇性的会议上，一些软件人士聚集在一起，讨论软件编程的革命性方法。虽然那时极限编程（与 Scrum 相当相似）已经建立，但许多人仍然对沉重的软件开发过程和非常长的开发时间感到沮丧。复杂的系统如航天飞机的开发时间超过了 20 年。你能想象吗：有人从捕捉到需求并创建概念到完成实施，竟然花了 20 年！所有这些都是用瀑布式项目管理方法规划的。我稍后会回到这个问题上。

犹他州的那些人创造了敏捷宣言[一]。本节描述了敏捷开发的主要原则，但其根源可以追溯到 20 世纪 60 年代人们开始尝试快速开发之时。Scrum 这种最流行的敏捷方法之一，也是在 1995 年年初开发的。

敏捷是项目管理和开发过程的混合物。Scrum 以及 Kanban 可以被认为是纯粹的项目管理方法。其他的敏捷方法，如测试驱动开发、结对编程和持续集成，则是在软件开发或是质量保证方面。

[一] https：//agilemanifesto.org/

我想在这里从敏捷的项目管理方面入手，并将其与其他方法进行比较。

也许与敏捷完全相反的是瀑布式开发方法。我将对瀑布和敏捷进行比较，但首先让我们重新认识一下什么样的开发流程在总体上是有意义的。我要首先回到前面所描述的 V 模型。

一切都是从需求开始的。第一件事应该是写下你想要实现的东西。这些需求是否足够明确或足够详细并不重要，但请写下一些东西以便以后参考。第二件事基于你所描述的需求创建一个概念。第三件事是在那个阶段进行尽可能详细或必要的设计。第四件事是开发你所设计的东西。最后，第五件事是测试它。整个过程是：需求—概念—设计—实施—测试。现在，让我们看看瀑布式和敏捷式的流程是否有区别。

4.2.1 瀑布模式与敏捷模式的比较

瀑布模型的发展经历了几个阶段，1956 年在一篇关于软件开发的论文中首次提到。在接下来的几十年里，它被不断完善，最后被美国国防部采用，作为其承包商应当遵循的标准。瀑布模型描述了一种按照一定顺序处理开发过程步骤的方法（图 4.1）。

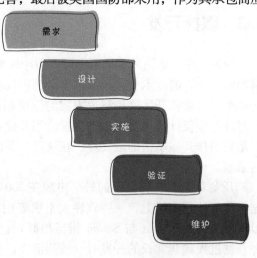

你可以看到，所有的活动都是从需求开始的。当这一步完成后，需求被充分描述，设计就可以被创建。然后，就进入了实施阶段。纯粹的瀑布模型的本质是，在进入下一个步骤之前，必须完全完成上一个步骤。这种方法会产生几个问题：

- 需求往往从一开始就不完整。之后的变化需要完全重启过程，如果变化不大，这通常不是

图 4.1　瀑布式流程

什么大事。然而，变化越大，就越需要重新启动过程。

- 由于漫长的开发时间，在实施开始时有可能需求就已经过时了。这在汽车行业的导航系统开发中是非常明显的。开发时间通常为 2~3 年。如果算上概念阶段，整个开发时间会达到 4~5 年。当汽车最终在街上行驶时，导航系统已经过时了。今天，由于软件的空中更新（OTA），这种情况得到了改善，但硬件仍然是旧的。

- 在开发的后期阶段，关于优先级或功能变化的短期决定很难被全部整合到平台之中，变更请求也是如此。

- 将需求转化为规范，将规范转化为实施，在每次交接过程中都可能产生各种误解。同样地，系统越复杂，整个过程中丢失一些东西的概率就越大，从而产生了很多额外的工作量。

因此，如果需求从一开始就绝对清晰，并且在开发过程中没有方向的变化，那么瀑布式方法就可以发挥作用，并完全遵循上述的流程。然而，在今天的软件或系统开发中，明确的需求和不改变方向几乎已经是不可能的了。

基本上，瀑布式流程对于复杂软件或复杂系统的开发来说过于死板，这就是敏捷进入舞台的原因。

敏捷开发方法的主要特点是迭代。它们也遵循完整的开发流程，但周期要短得多。它们的创建是为了快速交付并从用户或利益相关者那里获得早期反馈。这样做的好处是，产品能更快地到最终用户手中，而且反馈也能更快地回到开发团队中。团队致力于根据反馈和优先级迅速调整方向，所以上述所有问题都通过短的反馈周期和透明度来解决。最后，团队致力于持续改进。每个冲刺结束时都有一个回顾会，每个人都有机会发言，讨论下一轮可能进行的改进。

在敏捷和瀑布的比较中，或者如果我们研究一般的项目管理质量，不能错过的是 Standish 集团的"混乱报告"[1]。在这里，人们可以找到许多详细图表和统计数据，这些图表和数据展示了项目是如何取得成功的。我希望列出以下内容来总结一些有趣的事实：

- 大型软件产品中大约 50% 的功能根本没有被使用。
- 小项目的成功率比大项目高，在这种情况下，敏捷与瀑布其实并不重要。
- 如果用瀑布式管理，项目越大，失败率越高。
- 如果用敏捷管理，大型项目的成功率就更高。

第一点特别吸引人。想象一下，在你的开发过程中发现，你可以跳过 50% 的功能的开发。你将会节省多少时间和精力啊！敏捷的好处是，从一开始就与用户、利益相关者和客户一起检查方向是否正确，未来几周的目标是否有最大的价值，以及是否在按照优先级开展工作。最重要的事情永远是下一步。如果在项目开发期结束时，仍然有一些东西未被处理，那么它们就自动成为最不重要的东西——跳过它们也无妨。

另一份值得阅读的报告是 PMI 的"Pulse of the Profession"[2]。例如，2017 年的报告指出，71% 的公司正在以某种方式使用敏捷的项目管理方法，目前存在巨大的炒作因素。

然而，让我们回到一个更详细的观点。敏捷在很大程度上还涉及团队精神、团队授权和合作。

---

[1] 混乱报告是针对 IT 项目的项目管理质量研究活动。www.standish-group.com。

[2] Pulse of the Profession 是一项针对项目、计划和项目组合管理的全球调查活动。www.pmi.org。

《敏捷宣言》描述了 12 条原则，我总结如下：
- 客户的满意是最优先的。
- 在整个开发周期中，需求可以被改变。
- 在较短的周期内频繁地交付工作软件。
- 开发人员和业务人员需要有很好的联系。
- 能够对开发人员产生信任和激励的支持性环境是关键。
- 自组织的团队是高质量的关键。
- 团队本身定期反思改进自己。
- 面对面的会议和同地办公始终是首选。
- 可以工作的软件是衡量成功的主要标准。
- 卓越的技术和强大的设计是持续关注的焦点。
- 简洁性是必不可少的。
- 可持续发展和持续的步伐是敏捷的本质。

因此，在敏捷开发中，与软件有关的和与人有关的主题被很好地整合了。在我看来，这就是敏捷的关键因素之一：工程师和他们的合作是成功的关键。也就是说，工程师不把自己的事业放在别人的事业之上，他们能够在团队中创造一个相互信任和尊重的环境。对于那些习惯于以孤立的方式工作而不合作的人来说，他们无法通过 Scrum 这样的项目管理方式来管理。

Ken Schwaber 和 Jeff Sutherland 是其中的创造者，他们曾在早期发表过一篇关于 Scrum 软件开发过程的论文，这是当今最流行的敏捷方法之一。

4.2.2 Scrum

削弱沟通饱和度的是专业化——一个团体中的角色和头衔的数量。如果人们有一个特殊的头衔，他们往往只做那些看起来与该头衔相匹配的事情。为了保护这个角色的权力，他们倾向于坚持特定的知识。

The thing that cripples communication saturation is specialization—the number of roles and titles in a group. If people have a special title, they tend to do only things that seem a match for that title. And to protect the power of that role, they tend to hold on to specific knowledge.

——杰夫·萨瑟兰

Scrum 的发明者之一

我们已经详细描述了 Scrum 框架，但使用它并不容易。它提供了一个团队角色、事件和工作产品工件的框架。在某些情况下，如果你 100% 地遵守规则，它就能完美地发挥作用。偏离得越多，效率就越低，甚至可能比不使用 Scrum 的情况下更低。此外，它并非适用于所有类型的项目。你将在后面学习如何决定哪种项目管理方法适合你的需求。

要了解更多关于 Scrum 的信息，我推荐一本由其发明者之一撰写的书，如 Sutherland 写的 *Scrum：The Art of Doing Twice the Work in Half the Time*[16] 或 Schwaber 写的 *Software in 30 Days*[17]，作为一个起点。但最终还需要你亲自试一试！

Scrum 定义了以下内容：

- 角色（Roles）——在 Scrum 框架中，有开发者、Scrum 主管、产品所有者和利益相关者。开发人员只是开发人员：没有架构师，没有测试人员——只有开发人员。可能发生的情况是，以前的架构师需要做测试工作，反之亦然。这有很多积极的方面。Scrum 主管是流程的支持者。他们需要负责团队会议，并确保团队拥有它所需要的一切，并且没有障碍物拖累它。产品负责人负责利益相关者的管理，并需要确保开发是按照"最有价值的优先"的原则进行的。他维护任务列表（backlog），并设定每项开发任务的优先级。

- 活动（Events）——Scrum 定义了一些会议，如每日站立、冲刺回顾、回顾、完善任务列表和冲刺（sprint）计划会议。所有的活动都有一定的规则，特别是 Scrum 主管需要确保这些活动的有效举行。最重要的活动是冲刺本身，它被定义为在一个固定期时间内的开发工作，并具有确定的开发范围。通常情况下，冲刺代表了一个完整的 V 模型开发周期。团队在冲刺后在冲刺回顾中所展示的一切都应该是经过充分测试和验证的。

- 工件（Artifacts）——Scrum 中的工件是物理性的东西。产品任务列表（backlog）是一个主题和任务的列表，类似于产品所有者与利益相关者协商后并与开发团队详细讨论后的要求。冲刺任务列表是产品任务列表的一部分，并被运行中的冲刺所使用。产品增量是冲刺的结果，可能会被交付给终端客户。它是可以运作的，并且经过了充分的测试。

当我第一次了解 Scrum 的时候，人们认为它是一种理论上的方法，可以提升软件开发中的沟通。在 2009 年或 2010 年左右，我接受过相关的培训。我们之后所使用的只是每日站立，其他的东西对我们来说似乎都不太相关。那时，我是一个 DSP 部门的团队领导，我们有明确的结构、计划、角色和责任。这个团队有很大的动力，表现非常好。我们的工作主要是依据在产品开发中明确定义的任务，并使用甘特图⊖形式的瀑布式计划。

第二次是当我在一个技术开发部门工作时，接收到了一个自上而下的决定：

⊖ 甘特图是一种通常用于瀑布式计划的计划图。这个名字来自于美国的工程师亨利·甘特（Henry L. Gantt）。

现在开始，所有人都完全使用 Scrum。我们都再次接受了培训，指派了 Scrum 主管和产品负责人，并接受了培训和认证。还有一位顾问全程帮助我们实现这一目标。那时，Scrum 让我大开眼界。它立即解决了我们组织中的许多问题，我完全被说服了。今天我仍然在使用 Scrum，但我也看到它并不适合所有的环境。它绝对适用于那些能够在 6~12 个月内创造出一项技术的小型功能团队，此时，标准的 Scrum 方法是有意义的。

然而，问题从周围的环境开始。如果利益相关者没有真正接受这个流程，并且没有出现在冲刺回顾中，那么就缺少了反馈循环的重要元素。当开发人员非常专业化且角色非常不同时，就会产生另外一个问题：无法让团队成长为高度协作的团队。然而，正如我前面提到的，最重要的是人们的心态。产品负责人不应该充当架构师的角色，更不应该进行微观管理。他只对功能和该做什么感兴趣，由开发团队决定如何去做。Scrum 主管不是一个从开发人员那里得到报告的项目领导，而是一个支持者，为团队清除路障，并总是激励他们想出更多的改进方法。开发人员需要有强烈的相互尊重的态度，团队精神是所有 Scrum 活动的关键。

如果项目数量在不断增长，会出现另一个问题。如果你有一个巨大的软件产品，而开发团队超过了理论上的 9 个开发人员的数量，会发生什么情况？这时就需要一种扩展的 Scrum 方法，下面将详细介绍。

我想在这里提到的最后一个问题是关于项目时间和不同的项目管理风格的。如果你有一个纯粹的 Scrum 框架并在运行，但你却把你的产品作为一个子组件交付给一个纯瀑布驱动的组织进一步使用，这可能是相当棘手的。同样，进一步的细节见下文。

让我们先来看看大型软件产品。

4.2.3 大型项目的敏捷开发

Scrum 的本质是让 3~9 个人的小团队共同完成一个项目。然而，如果你的软件项目有几十个开发人员，而且产品规模远大于一个团队所能开发的规模，那该怎么办？业界已经定义了一些方法来将 Scrum 扩展到更大的软件产品。扩展的 Scrum 方法包括 Nexus、LeSS（Large - Scale Scrum，大规模 Scrum）和 SAFe ® (Scaled Agile Framework，规模化的敏捷框架）。基本的思想是：小的开发团队向更高层次的团队交付，以此类推，直到完整的产品完成。可能需要一些新的规则、工件、团队和会议。以下方法是目前最常见的：

- Nexus：这里的想法是在一些 Scrum 团队的基础上有一个组织层。所有的团队同时进行计划和回顾。除了开发团队，还有一个集成团队，负责将所有的部分集成在一起。因此，团队之间的依赖关系可以被管理。Nexus 是使用 Scrum 理念来进行扩展的。

- **LeSS**：在这里，除了单一的 Scrum 事件，还通过组合事件来实现扩展。冲刺从所有团队的计划开始，然后是每个团队的单独冲刺计划。各个团队在冲刺过程中定期进行协调，并在冲刺结束时进行整体回顾。因此，扩展通常是在综合层面上通过额外的活动完成的。Scrum 的理念也不会被破坏。
- **SAFe**：这是目前最全面的扩展 Scrum 方法。在这里，各个功能团队仍然在 Scrum 或敏捷框架中运行，但在其之上还有更多的东西，如发布培训、解决方案管理、价值流、组合管理和战略。这种方法考虑了一个开发领域的整个组合管理。

当我们在我以前的一个职位上创建软件平台时，我们经历了一个巨大的学习曲线。我们从小型和单独的团队开始，并很快意识到需要将所有的团队组合成一个更大的团队和一个全面的软件产品。我们最终采用了 Nexus 和 LeSS 的混合方法，其中包括：

- 使用所谓的"零冲刺"，在更高的层次上定义未来 3 个月的工作。
- 有一个集成和测试团队把这些碎片放在一起。
- 组织最佳实践社区，讨论跨团队的架构问题。

这样做效果很好，完全适合我们的需要。唯一的问题是我们所处的瀑布环境。这仍然是古老的汽车行业，有着严格的时间线和 SOP。让我们在下一节看看发生了什么。

4.2.4 瀑布环境下的 Scrum

在瀑布环境中应该如何使用 Scrum？让我们想象一下，你已经在你的组织中建立了 Scrum 团队来开发新的技术。预算已经确定，开发周期也有时间限制，利益相关者对他们所得到的东西感到满意。他们参与两周一次的冲刺审查，并能立即看到他们的钱的去向。他们信任 Scrum 团队，并相信他们能在给定的时间和金钱中创造出最大的价值。很完美！

然而，如果接收这些技术交付的产品开发单位具有非常严格、僵化的瀑布式规划和开发流程，会发生什么？换句话说，在技术开发和产品开发之间会发生什么？

可以在所谓的 Stacey 矩阵⊖中找到一个答案，它也在图 4.2 中被轻松地重新解释为复杂性图。

在图中，技术和需求分别被绘制在 x 轴和 y 轴上。两者都是从已知到未知。想象一下，你确切地知道要做什么和怎么做。这是一个相当简单的案例，开发的

⊖ Ralph D. Stacey 是英国 Hertfordshire 商学院的管理学教授，他写了几本关于管理和组织的复杂性的书。

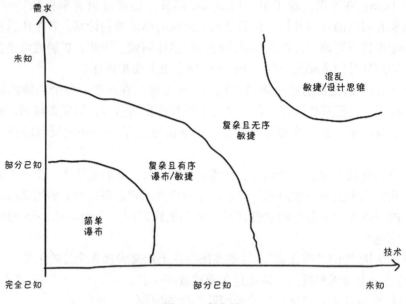

图 4.2 复杂性

过程可以通过一个非常详细的流程进行描述和控制。你可能想使用纯粹的瀑布式项目管理。想象一下，下一个层次将是一个复杂的环境。可能仍然可以使用瀑布式规划。再下一个层次则是更加复杂的世界。需求可能是完全未知的，如何实现也是未知的。在这里，敏捷开发方法就可以被应用了，并能够带来明显的好处，因为人们必须完成的任务是在开发过程中发现某些东西。有了敏捷，这是有可能的。右上角代表着混乱，想在这里要管理一些东西是非常困难的。这是创新的领域，需要使用不同的方法，例如设计思考等。

为了全面起见，让我们来定义一下复杂且有序和复杂但无序这两个词：

- 复杂且有序（Complicated）——想象一下瑞士的机械手表。它看起来非常复杂，有那么多的齿轮和运动部件，但对于不是专家的人来说，它只是复杂。它是完全受控的，时间在精确的、可预见的运动中运行。如果按下一个按钮，手表总是以同样的方式做出反应。因此，只有对于那些不是这个领域专家的人来说，事情才是复杂的。一个复杂的技术开发可能看起来难以驾驭，但对专家来说却是小菜一碟，他们可以精确预测结果。

- 复杂且无序（Complex）——这完全不同。如果某件事情的反应无法预见，它就是无序的。通常这与人有关。团队是复杂且无序的，因为每个人的反应和行动都是无法预见的。足球比赛是复杂且无序的，因为你无法预知结果。因此，一个复杂且无序的技术开发没有确定的结果。

现在，想象一下，你所在的公司正在从事创新工作。这属于图中的无序和混乱的区域。因此，你可能想使用敏捷的方法来开发这些创新。当你进入产品开发阶段后，对需求和技术已经了如指掌，此时采用瀑布式计划就更加合适。这就到了最左下角的制造环节。在制造业中，你确切地知道要做什么，所以敏捷在这里根本不应该被使用。

这意味着，在电子产品开发中，敏捷方法自然要在开发流程的某个地方逐步过渡到瀑布驱动环境。通常情况下，产品有硬性的截止日期，而项目管理人员希望在某个时间点之前完成开发任务。一个关键因素是在 Scrum 中对工作估算的方法，另一个关键因素是团队的稳定性。如果这两个要素以正确的方式设置，那么它将使产品所有者能够创建非常坚实的时间计划和里程碑，并且能够轻松地适应瀑布环境。

为了使画面更完整，我想介绍另一个敏捷过程，称为看板。

4.2.5 看板（Kanban）

看板起源于日本的丰田制造厂。在那里，它被开发出来以优化生产线上的工作流程。看板的原意是"可以看的板"，由一块板和信号卡组成。其主要动机是为了优化工作流程和减少存储空间。

软件开发中，人们仍然用看板和卡片工作，但使用的方法略有不同。与 Scrum 不同的是，没有对某些角色、事件和工件的定义。你可以重用你现有的流程，并在其基础上添加看板。通常会采用以下最佳实践：

1）看板的一个主要方面是将工作阶段可视化。通常情况下，团队使用大型看板或白板，将各个阶段按列分类。根据 V 模型，它们可以是需求、概念、设计、实施和测试，但也可以是积压、计划、开发中、开发完成和发布。此外，它也可以在更高的层次上，比如说用于管理一个产品组合。现有的开发流程仍然可以被保持。单个任务被写在卡片上，或所谓的票据（tickets）上，它们从左到右移动。

2）另一个主要方面是限制每栏的票据数量，这取决于团队规模和任务的复杂性。假设你有两个开发人员，你可能想把"开发中"一栏的票据数量限制在两个。这也可以根据工作量来处理。每张票据都应该包括有关开发工作量的信息。你也可以限制每一栏的工作量。谁负责某一栏的工作任务，就可以从上一阶段拉取任务。这种拉动机制是与所有权和积极性相配套的另一个关键方面。

3）第三个方面是衡量和管理各个栏目的工作流。如果你发现你在某一列有很长的等待时间，那么这可能是一个瓶颈，在这里优化将是最有效的。这可能意味着要增加团队规模或优化开发流程或类似的其他举措。不断改进流程是另一个关键方面。总的来说，这将让整个团队拥有可靠的规划能力。

4）一定要明确地写下整个过程的规则，确保团队中每个人都能够理解和遵守这些规则。例如，对于任务完成的定义或每列的含义等。

5）实施反馈循环也是非常重要的。反馈可以在像 Scrum 中的回顾性会议或每日站立中进行，但不是像 Scrum 中那样是必需的。

最后但同样重要的是，看板使用模型来寻找与团队合作的潜在改进，并设置流程。因此，它又是一个不断改善整体流程的工具。

因此，看板在任务变化和积压变化方面更加灵活。无论接下来是什么，都可以立即交给各团队。与 Scrum 相比，你不必等到一个冲刺结束。

票据可以包括任务名称、工作量和价值或优先级等信息。有了后者，敏捷方法又完全进入了游戏。

在技术开发中，Scrum 和看板的结合是可能的。让我们想象一下，在你的公司里有几个开发部门，即每个地区的开发部门、平台开发部门和产品开发部门。在所有的地区内都有工程师，他们有时想参与创造新事物和创新。我们还可以想象一下，团队的能力并没有被完全挤压出来，有时一个团队有时间来处理创新的课题。看板是管理这方面的一个完美工具。你可以把概念和想法放在积压中，无论哪个团队有时间都可以拉出一个主题并开始开发。开发本身可以使用 Scrum 框架来组织，允许创新任务的复杂性得到处理。因此，投资组合管理使用看板，而技术开发用 Scrum。

在我看来，所有这些敏捷方法都有巨大的潜力。正如我前面所描述的，几年前我开始使用 Scrum 时，让我大开眼界。然而，也有一些缺点，会使人的生活变得困难：

同地办公是 Scrum 得以开展的主要基础之一。在我与 Scrum 团队合作期间，我们不幸地创造了一个最坏的情况。一位工程师在美国西海岸，而另外两位在东海岸；三位在德国；还有两位在印度。这并不是唯一一个在同地办公方面如此分散的团队。整个产品开发总共由五个团队负责，虽然很不理想，但我们没有其他选择。在这里，运行 Scrum 真的很棘手。Scrum 主管不得不开发一些小游戏和小技巧来激励团队，使工作尽可能协作。

如果你有机会从头开始创建一个组织，并且你想使用 Scrum，请确保你只拥有本地团队。这样做的效率会高很多。

另一个方面是 Scrum 团队中开发人员的晋升。整个人力资源过程必须被重新定义。个人目标很难设定，因为所有目标和成果都是整个团队拥有的东西。在团队中晋升的人不能轻易地与更多的责任相结合。这也高度取决于开发人员的思维方式。如果他们从软件开发人员晋升为架构师，并开始只从事架构任务，那么整个概念将变得很棘手。

人们可以在相关文献中找到敏捷开发的其他方面，如垂直团队或潜在的可出货产品。下面，我总结了对系统架构设计和平台开发策略最重要的几个方面。

4.2.6 敏捷开发方法

现在我们已经很好地介绍了敏捷的项目管理方面,让我们也来看看开发方法。它们都可以与 Scrum 和 Kanban 相结合。

首先,我想从总体上考察一下软件开发。看看你的软件开发人员团队,调查各个人的教育、经验、技能、开发风格和性格。他们都是独立的人类,因此都是不同的,那么你怎样才能确保一个同质化的软件产品从一个异质化的开发者团队中产生?我猜想,你希望有一个至少在质量上是一致的产品!这就是我们的目标!让我们勾勒一下极端情况。想象一下,你有这样的开发人员

- 喜欢记录他们的工作或不喜欢记录他们的工作。
- 喜欢对他们的代码进行审查和修改,而其他人则不喜欢。
- 喜欢适应共同认可的编码风格的人和不喜欢的人。
- 喜欢为他们的工作产品创建单元和集成测试,而其他人则不喜欢。
- 喜欢创建可重复使用的代码,而其他人则不屑于此。
- 有的人非常熟练和快速,有的人则不然。

在质量方面,这可能是一个非常异质的团队。创建高质量软件的要点是什么?根据我的经验,以下是最终决定整体质量的主要方面:

- 文档。
- 设计和架构。
- 编码风格。
- 审查。
- 测试。

如何提高质量并培训工程师,使其达到一定的卓越工程水平?在一个理想的情况下,你希望有一个在软件开发质量方面不断成长的团队。他们会变得越来越有经验和技术。幸运的是,敏捷开发有一些方法可以明确支持这一点。

4.2.6.1 结对编程

结对编程很简单。两个人坐在一台计算机前,写源代码。一个人写,另一个人思考、纠正、讨论,或对一切进行评论,反之亦然。这两个人也可以经常更换,以便每个人至少与团队中的其他人坐在一起一次。

通常情况下,这比两个工程师并行工作所耗费的时间要长一些。但在我看来,所产生的质量要高得多,所以总是值得在这里和那里尝试。这也是有科学依据的。特别是对于具有不同技能的人来说,拥有较低技能的人在软件编码风格和架构方面有一个非常快速的提升,这对他们来说是非常有益的。这样做质量更高,因为你是用另一个人自动审查源代码。两个人讨论设计和架构,并立即提出最佳方案,两个人用四眼原则检查编码风格。此外,这是一种真正的面对面的合

作，通常是一种更有趣的方式，可以更好地了解其他团队成员。

4.2.6.2 测试驱动开发

惊喜，惊喜——这都是关于测试的。基本上，这里的概念是先写一个测试，让它失败，然后再创建功能，直到测试不再失败。这种方法确保每一个软件功能在最后都有一个测试，这当然有利于提高源代码的整体质量。在这里，人们也会争论额外的工作量，但无论如何人们都希望有这些测试。此外，一个额外的好处是，开发人员在设计时需要从另一个角度来审视这个任务。因此，解决方案的整体质量通常比你没有开始创建测试时要好。

在我看来，这是一个非常好的概念，但对于所有的开发人员来说，很难实现。它在很大程度上影响了个人的开发风格，对一些人来说，很难接受。有一个测试框架和一个自动编译系统来加速事情的进展并支持这个想法是有帮助的。

4.2.6.3 代码审查

在我看来，对源代码进行审查是必需的。它涵盖了许多方面，没有任何借口不这样做。然而，对于开发人员来说，这也是一个心态问题。他们需要以开放的态度向他人展示自己的工作成果，并对评论和批评做出灵活的反应。此外，他们希望不断学习和提高自己。这在一个信任的环境中是可能的，因为在这个环境中，绩效评估需要被非常谨慎地使用。

对我个人来说，代码审查是提高软件质量的最有力的方法。

4.2.6.4 跨职能的团队

敏捷开发的另一个方面是拥有涵盖各种技能的团队成员。一定的多样性通常有利于问题的解决和发散性思维。然而，在建立一个专家团队时，必须谨慎。他们的技能需要有一定的重叠，适合当前的任务，这样他们就可以在团队中分担任务。如果你最终有5个专家各自为政，孤立地工作，那么就不再需要Scrum了。

然而，如果你需要实现的功能需要几个职能部门一起合作，那么跨职能的团队是非常有益的。因此，是否需要一个跨职能的设置总是取决于团队的工作范围。

4.2.7 持续集成和自动化

敏捷的一个主要好处是，在一个冲刺之后，总是有一个潜在的可交付的产品准备好。这意味着整个软件产品需要有非常快和短的集成周期，以确保所有的东西都能完全工作。持续集成是指立即集成软件更新的小部分，并尝试用更新来构建和测试的过程。通常，这意味着有一个特殊的服务器，在那里可以上传代码，并运行一个应用程序，编译源代码，将其整合到整个产品中，并自动测试一切。因此，如果他的更新在系统中成功运行或破坏了系统，开发者会立即收到反馈。

在这里，自动化是加快整个过程的关键方面之一。例如，开发人员一整天都在创建源代码并进行检查，而持续集成服务器则在一夜之间构建并测试一切。开发人员在早上回到办公室，就会有一个结果。当然，一个前提条件是对整个系统进行适当的设置，这通常是一个巨大的努力。此外，开发人员需要确保他自己的单元测试已经上传，以便服务器可以运行它们。

在我看来，敏捷开发和自动化是紧密相连的。由于敏捷开发理论上在每个冲刺阶段都会经历整个 V 模型，所以在每个冲刺阶段也会产生新的测试。如果这些测试不能被自动化，那么团队会很快发现自己在做手工测试，而没有更多的开发。这意味着新的测试必须被集成到自动化测试框架中，这样团队就可以专注于新功能的开发。

4.2.8 用户故事

这是一个有趣的方面。如果你遵循 V 模型，你通常从需求开始。然后，创建一个概念，接着在不同的层次上进行设计。当你在底层实现你的功能时，大局观可能会丢失，这有点危险。记住本书第 2 章中的需求章节。确保每个人都知道一直做什么以及如何做，对避免错误和误解有很大帮助。

用户故事为开发者创造了一个不同的视角。在 Scrum 框架中，产品拥有者创建一个用户故事，说"作为这个产品的用户，我希望有这样那样的功能，做这样那样的事情"。因此，所有者描述的是要做什么，而现在开发人员负责说如何做。这就为开发人员创造了一种价值感，而且在头脑中有一个大的画面总是有帮助的。

用户故事可以像纸一样被放在一块板子上，上面有诸如工作量、风险、描述和优先级等信息，以及对已完成的定义。同样的，也可以在 Jira 这样的系统中以数字形式完成。这是有道理的，也是敏捷开发的一部分，用户故事要单独经过 V 模型。完成的定义包含测试标准和对质量的期望。

4.2.9 工作估算

敏捷开发中的工作量估计需要特别注意。我一直记得一个同事说："现在我们在做 Scrum，现在我们不再做计划了"。这似乎是一个普遍的误解，认为计划、里程碑和路线图在敏捷开发框架内是不可能的。我的个人经验恰恰相反。Scrum 中的工件和事件提供了一个很好的框架，可以在必要和可能的情况下提前规划。此外，由于团队对架构、任务和解决方案进行了大量的讨论，并且每天都要开会，所以工作分解结构和详细的工作估算的质量非常高。

工作估算遵循相对估算的概念，而不是传统项目管理中的绝对估算。例如，如果一项任务被认为是大的，那么与第一项任务相比，下面的估算可能是特大的、中等的或小的。这种使用 T 恤尺寸的概念是众所周知的，并且被广泛使用。

工作估算通常发生在团队会议上，每个团队成员都会根据斐波那契数来估算一项任务的工作。这可以使用所谓的 Scrum poker 等概念，以匿名方式发生。在每个人都展示了他的数字之后，就可以进行富有成效的讨论。这种估算的概念有几个积极的副作用，如知识共享、架构的改进和解决方案的优化。

这种高质量的工作估算与稳定的团队相结合，就可以让一个团队在每个冲刺阶段的工作量都是可预测的。这种所谓的速度就成为正确的长期项目规划的基础。

现在让我们来看看敏捷开发对系统架构和平台开发的影响。

4.2.10 对系统架构和平台开发的影响

我们如何将敏捷开发和系统架构设计结合起来？如何用敏捷开发方法来开发平台？

如果你知道了敏捷的开发周期以及在每个冲刺阶段需要多快的速度覆盖 V 模型，就已经有了关于系统架构的部分答案了。原则上，有两个选择。要么你把系统架构设计阶段与实施阶段分开，在不同的冲刺阶段运行。要么你尝试创建垂直主题，在一个模块之后完成一个模块，并始终希望你的系统架构在所有东西都整合在一起时仍然有效。系统越大、越复杂，以第二种模式工作就越困难。然而，有一个著名的例子，一个团队使用敏捷方法只用了 3 个月的时间[⊖]就造出了一辆汽车。在我看来，秘诀主要在于三点：

- 定义最小可行产品（MVP, Minimum Viable Product）：在软件开发中，在每个冲刺阶段后创造一些可交付的产品要容易得多。与硬件或机械开发相比，开发周期相当快。特别是在硬件开发中，冲刺的时间是 2~4 周，没有机会在每次冲刺后有另一个经过充分测试的 PCB 增量。然而，如果你重新定义你的 MVP，允许交付中间步骤——那么你就可以了。首先交付布置研究，接下来交付接口定义，以此类推。产品在成长，你仍然可以应用敏捷原则，在每个冲刺后交付一些经过充分测试的东西。这对整个系统的架构也是有效的！

- 整体系统的模块化：这使我们有机会在更小的步骤中开发更小的部分，更好地控制整体的复杂性。模块是可以互换的，也可以独立更新。这提供了很大的灵活性，使敏捷开发成为可能。

- 尽可能地进行仿真：这大大加快了开发过程。硬件和机械可以仿真到一定程度，结合 MVP 的重新定义，在一个冲刺后，仿真结果是一个非常好的增量交付。

在任何情况下，在开始做一些事情之前，都需要有一个整体的想法、概念或

⊖ https://en.wikipedia.org/wiki/WikLspeed

高层级的系统架构。

根据我的经验，重新定义 MVP 是将敏捷开发应用于各种开发任务的最有力工具。记得本书的第 2 章，我写了大量关于汽车行业的 RFQ 阶段的活动——这可以被看作是一个典型的敏捷开发冲刺。你有 2 周的时间来创建一个高层次的系统架构，并将其作为商业报价的基线。这可能是你开发项目的第一个冲刺。当这一切完成后，将其划分为模块化的子课题，并让子领域在进一步的冲刺中单独运行。

让我们看看我们对平台开发战略有什么影响。基本上，这里我想讨论两个方面。第一个是如何在敏捷的系统架构设计中使用平台，第二个是如何使用敏捷开发来开发平台。

在本书的第 2 章，我已经提到了系统架构设计的平台。对于主要的系统架构师来说，必须知道公司里有哪些可用的平台，设计活动中需要考虑哪些平台。所以，对于架构师来说，这是一个关于制造、购买或重用技术或架构的设计策略问题。在这个意义上，我没有看到敏捷和平台的结合有什么特别的影响。

开发一个平台和围绕它的流程可以从敏捷开发中大大受益。以下几点是对细节的描述：

- 通常，在一个平台的第一个开发阶段，方向还不是很明确。敏捷有助于提高灵活性。改变方向在敏捷开发中不是一个问题。
- 平台开发通常是公司的一项重大投资，利益相关者想知道他们的钱花在哪里。如果利益相关者想改变方向，冲刺回顾对创造透明度和立即展示新方向所带来的影响有很大帮助。
- 通常，一个平台有许多客户和用户。创建涵盖所有这些不同观点和方面的用户故事，有助于为每个开发者创造关于最终结果的透明度。
- 通常，一个平台从一开始就有时间上的压力，人们希望尽早使用它。在这里，MVP 的概念可以帮助在平台的早期阶段就有所交付，使用户可以尝试他们以后会得到的东西，或者使用一个平台完整功能的一个子集。
- 通常情况下，一个平台的成功也是由客户和用户是否能够轻松使用它来定义的。在这里，MVP 的概念对于获得早期反馈和在必要时改变方向或改变优先事项也有很大帮助。
- 通常情况下，平台开发不仅是一个由某人指定的、由其他人实施的开发任务。相反，它是一项活动，你需要和公司里最好的人坐在一起，为未来几年创造出最好的产品。因此，团队的动力、协作、主人翁精神和对平台开发的热情是取得良好结果的关键。敏捷开发恰恰是支持这一点的正确工具。

因此，使用敏捷开发来开发一个平台，可以看出有一定的好处，值得认真考虑。然而，请不要错过开发工作和平台进入维护模式的时间点，这可以通过移交给不同的团队来实现。就敏捷而言，此时是否在 Scrum 或类似框架中运行已经不是太重要了。看板对于处理关于缺陷的票据、变更请求和功能请求可能很有帮助，但这取决于变更的数量和复杂性。通常情况下，如果该平台被用于许多项目，瀑布式和固定的里程碑很可能是日常工作的一部分。此外，在此阶段时，变更也不再复杂，所以敏捷开发不再有额外的好处。

我已经描述了敏捷开发及其对系统架构设计和平台开发策略的影响。这是目前业界的一个热门话题，在我看来这是有原因的。

让我们继续讨论本书的最后一个话题，看看组织目前是如何普遍变化的。

4.3 组织级变革

科学最明显的特点是它的应用：作为科学的结果，人们有一种力量去做事。而这种力量所产生的影响几乎不用多说。如果没有科学的发展，整个工业革命几乎是不可能的。

The most obvious characteristic of science is its application: the fact that, as a consequence of science, one has a power to do things. And the effect this power has had need hardly be mentioned. The whole industrial revolution would almost have been impossible without the development of science.

——理查德·P. 费曼
美国理论物理学家

正如我上面提到的，工业经历了几个革命性的步骤。亨利·福特和他的汽车生产方式对于我们今天的工业来说无疑是一个重要的里程碑，但事实上那已经是工业 2.0 了。常识决定了以下几点：

- 工业 1.0——水力和蒸汽机的时代。
- 工业 2.0——大规模生产，如亨利·福特的生产。
- 工业 3.0——自动化和计算机辅助生产。

什么是工业 4.0，它对系统架构和平台开发是否有影响？

目前，组织正在发生巨大的变化，那些告诉你该怎么做的好老板如今已经相当过时了。为什么会这样，它对管理和组织有什么影响？什么是管理 4.0？

4.3.1 工业 4.0

工业 4.0 是一个在 2011 年首次在德国使用的术语。它是德国政府关于工业的下一步研究的一个名称。这个术语是否有问题，或者是否应该改名为工业 3.0

的第二波等，在此并不重要。工业4.0是一个常见的术语，我想用它来描述生产的新趋势。

其动机当然是为了赚更多的钱。在生产中，最重要的是效率，而在今天这个复杂的世界上，每个人都希望拥有个性化的产品。那么，一个行业如何才能生产出数百万种都略有不同的个性化产品呢？

这里的想法是要有高度灵活和个性化的大规模生产。让我们想象一下，我们把人工智能、机器人技术和物联网（IoT㊀）结合在一起，其结果将是一个完全互联、自动化、自我优化的生产。高等级的自动化使去中心化的生产单位成为可能，并使它们在位置上具有灵活性。

因此，一个场景可能是，有人想拥有新的运动鞋，并在网站上配置了这双鞋。他配置了颜色和材料，也许还上传了一个脚印，这样就连尺寸也可以完全个性化了。购物要求是以数字方式处理的——完全没有人参与。鞋商在每个主要城市的某个地方有一个小型的、完全自动化的生产基地，新鞋的生产立即开始。每一个步骤都受到数字监控，客户甚至可以在网页上实时地看到他的鞋子是如何生产的。完成后，鞋子被打包。一辆自动运输车将其接走，当鞋子到达门前时，客户会收到通知。生产是完全自动化的，充满了传感器。数据中心的中央人工智能系统观察生产周期的质量，并自动补充材料、修理工具、控制成本和利润，并进行电源控制。今天，这听起来仍然有点像科幻小说，但它并不遥远。阿迪达斯过去几年在德国和美国试行了完全自动化的工厂，所以从技术上来说，大部分已经可以实现。

工业4.0有四个主要的设计原则，可以支撑上面所描述的情景：

- 相互连接——一切都以数字方式互联，可以交换信息和控制数据。
- 信息透明——信息是高度透明的，任何人都可以看到每个生产步骤的细节。
- 技术辅助——信息和海量数据以一种有用的方式实现了可视化，以管理生产，物理辅助通过类似机器人的扩展发生。
- 分散决策——生产被分为几个子系统，它们可以自主行动并自动做出决定。

对系统架构和平台开发有什么影响？让我们这样说吧：所有这些新的生产工具都是电子设备。有些是简单的，而有些则是高度复杂的。一切都以某种方式联系在一起，分布式系统的话题比以往任何时候都更有意义。此外，许多软件包都在这些电子设备上运行。所有这些都需要一个适当的系统架构来设计它并使其运

㊀ Internet of Things，物联网是一个术语，今天通常用来描述各种电子设备之间的网络连接和智能化。

作。平台开发是否发挥作用，取决于你想开发生产链中的哪些设备，但存在与上述相同的原则。只要有重叠的地方，就有机会去只创造一次东西并能经常使用。一个很好的例子是对连接接口的众多要求。创建标准化的接口，并针对这个主题应用一个平台开发的方法是有意义的。

因此，工业4.0没有直接影响。然而，间接影响是对复杂的和互相连接的电子设备的需求，相比以前的生产系统大大增加。

从摇篮到摇篮

从摇篮到摇篮[一]的概念是对未来工业的一种展望。Michael Braungart 和 William McDonough 在20世纪90年代末提出了这一概念，并围绕这一概念发起了一种运动。其基础是一个概念，即所有的生产和消费都发生在两个主要的生命循环。一个是生物生命循环，其材料可以从生长的植物中创造出来，并可以100%地被堆肥以滋养新的植物。另一个循环是一个技术循环，也涉及材料的100%回收。

比方说，你正在开发一台电视。你的公司永远拥有它，有人可以租用它2000h。一旦2000h结束，你把它拿回来，拆开，用它制造新的电视。这里有趣的是，100%的回收方法与新的商业模式相结合，或多或少摆脱了消费者的所有权。人们只租借消费品。例如，一把椅子将永远由椅子公司拥有，而你作为消费者将购买2000h的使用权——这是一个非常有趣的方法。这对系统架构和平台开发意味着什么？

对系统架构的影响可能不会太大。当然，重用和回收需要非常严格的考虑，需要新的流程。

平台开发方法变得很有趣，因为你想创建可以在产品生命周期内重复使用的元素平台。这当然是一个新的挑战。这种从产品到产品的重复使用，包括回收阶段，是一个新的主题。

4.3.2 管理4.0

本书的最后一章是关于管理的。在所有这些新的趋势下，如敏捷开发、数字化、人工智能、机器人和自动化，管理是如何变化的？各代工程师是如何变化的？1972年出生的工程师和1995年出生的工程师之间有区别吗？他们是否需要不同的管理方式来展示他们的最佳业绩并在工作中获得乐趣？他们在工作中的总体动机是什么？与以前相比，典型的职业生涯是什么样子的？我们都如何才能赶上企业不断增长的需求？归根结底，什么是管理4.0？

与工业4.0这个术语相比，管理4.0还不是一个常用的术语。当我开始写它的时候，我无法在维基百科上找到任何东西。关于它的少量书籍提出了这样的结

[一] https://en.wikipedia.org/wiki/Cradle-to-cradle_design

论：管理4.0与工业4.0和我们今天的数字化相关联。如果有人需要在工业4.0环境下进行管理，当然这种管理就被称为管理4.0。这样做对吗？让我们进一步探讨和讨论，以找出答案。

此外，让我们试着也建立一个历史观。人们发现的是以下情况：

- 管理1.0——经典的等级制度形式。战略和运营管理注重效率，从上到下进行指挥和控制。
- 管理2.0——在这里，人的因素进入了游戏。心理学家研究了如何提高动机和效率。这里的典型做法是创造愿景和价值观，通过信息透明来提高动力，并将所有权下放。
- 管理3.0——关于敏捷和精益管理的一切，反映了新的复杂环境。角色和责任正在发生变化，职业道路需要完善。

我想在这里首先关注敏捷世界中的管理，然后看看它是如何过渡到一个新的层面，我们可以称之为管理4.0。

关于敏捷管理，最有趣的书之一可能是 Appelo 写的 *Management* 3.0[18]，在这本书中，读者会发现对当今复杂环境下的管理有一个全面的概述。Appelo 概述了复杂性对工作环境的影响，以及团队和管理者必须如何改变以应对这种情况。我认为这是一个真正的进化步骤，正在显著改变我们的工作和管理方式。相比之下，我看不到今天被描述为管理4.0的重大变化——工业4.0的影响还不够大，数字化与 Appelo 所描述的没有区别。

4.3.2.1　行业变革的四个驱动因素

Hans – Gerd Servatius⊖在一篇文章中描述了管理和组织的新阶段的驱动力，这是我找到的最合理的来源。此外，它与我自己的经验完全一致。

- 像亚马逊和谷歌这样的平台正在颠覆市场。已有的公司在与这些平台巨头竞争时越来越陷入困境。一种方法是合作并使用他们的技术。因此，管理影响涉及合作和共享商业模式。
- 基于人工智能的系统的使用正在进入管理和人力资源部门。越来越多的流程和任务可以被自动化和数字化。今天的管理者需要赶上这些系统并有效地使用它们。
- 敏捷的开发方法越来越多地被建立起来。这在管理3.0中已经开始了，但同时也被更多地使用。
- OKR⊖方法被越来越多地使用，是管理4.0的另一个关键驱动力。同样，

⊖　https：//www.aws – institut.de/im – io/intrapreneurship/was – ist – das – neue – am – management – 4 – 0 – paradigma/

⊖　OKR（objectives and key results）是指目标和关键结果。它是一个管理框架，为员工创造和衡量有意义和可衡量的目标。

谷歌等巨头的成功也是基于这种方法。

我个人想再增加两个驱动因素。第五个驱动力是人员代际间的变化。我相信，我们正处于新的工程世代的边缘。

4.3.2.2 第五个驱动力：代际变化

外面有大量的材料描述了几代人。让我总结一下最重要的事实：

- 传统的人，1945年以前出生：他们拥有两次世界大战影响的直接经验和相应发展起来的教育方式。他们是世界各个角落崛起的经济的一部分，但他们由于年龄问题而不再是今天这个行业的一部分。
- 婴儿潮一代，生于1946年至1964年之间：他们显然是出生在一个正在崛起的经济体中，并且仍然出现在世界各地的高层管理圈子里，影响着管理风格。他们有一种倾向，在生活中完全专注于自己的事业。所谓的工作狂开始出现在这一代人身上。他们有一个结构化的工作方法和良好的网络。
- X一代，出生于1965年至1979年之间：他们受到经济危机和离婚率上升的影响。他们在各个管理层面都有良好的基础，有雄心勃勃的倾向，努力工作以获得安全的生活。时间比金钱更重要。
- Y一代/千禧一代，大约出生于1980年至1995年：他们受到互联网、全球经济和高的教育水平的影响。他们在管理层面也有一定的地位。他们希望拥有一份有意义的工作，希望自我实现，是优秀的团队成员，并拥有出色的网络知识。他们是数字原住民，在我们今天所有的技术中成长起来。他们的私人生活对他们很重要。
- Z世代/YouTube，大约出生于1995年和2010年之间：他们与数字生活方式的全面融合有关。这一代人正在进入这个行业，他们对工作、人际关系、工资和工作与生活的平衡的理解似乎与上一代人完全不同。他们渴望自我实现，而不是在私人生活中，他们意识到未来有风险。由于社交媒体的影响，他们感到压力很大，而且似乎有一种倾向，不会像前几代人那样对某些事情做出承诺。

正如你所看到的，价值观和工作行为正在发生相当大的变化。这需要从管理方面加以考虑。激励、工作时间和有意义的任务比以往更重要。此外，在线工具和合作任务管理也发挥着关键作用。在我写这本书的时候，由于COVID-19的影响，我们都处于封锁状态。由于办公室被限制使用，我已经在家工作了20个月，一切交流都在使用视频会议系统进行。我相信这将对围绕家庭办公室的所有讨论产生巨大影响。我们都可以看到，在家里高效工作是绝对可能的。

公司当然也在努力适应新的趋势。扁平化的等级制度正在越来越多地被实施。传统的老板正日益成为其员工的教练和导师。

最后，第六个驱动力肯定是过去10~20年各地发生的全球化，这将在下一小节讨论。

4.3.2.3　第六个驱动力：全球化

我记得，当我在 2002 年开始我在这个行业的第一份工作时，我们在德国的地点有大约 1000 名员工。一切都在一个地方。我们在这一个地方有前期开发、原型设计、平台开发、产品开发和制造，当然还有管理、人力资源、销售和法律。但是，让我们专注于工程领域。如果有人对任何事情有技术问题，周围就有人能够回答。整个工程团队大约有 700 人，都在同一地点办公。

近 20 年后，这种情况已经完全改变。在我最后的一个职位上，我的老板在印度班加罗尔，而我的团队则分布在全球各地。有些员工在美国西海岸，有些则在底特律附近。还有一些人在德国的三个不同地点，还有一些人在班加罗尔。我们还有来自波兰和中国的同事的支持，所以我们必须在一个开发团队中应对 5 个不同的时区。当然，这样做的好处是，你可以利用整整 24h 来开发一些东西，或者是可以进行支持任务。此外，人才可以在他们所在的地方被雇佣，可以更好地支持当地的项目。一个主要的驱动力是，在世界的某些地区，工程师的价格要比其他地区便宜得多，但要管理这样的团队并保持有效的沟通是一个巨大的挑战。与几年前相比，生产线管理和项目管理已经完全改变。

我相信这两个驱动因素正在严重影响着未来的管理方式。此外，作为一种有效的解决方案和巨大的推动力量，我们大家对留在家里和建立家庭办公室的想法，给新的管理层带来新的挑战。此外，为了改善目前的情况，我认为要在我们复杂的环境中全面建立 Appelo 的战略和最佳做法，还有很多事情要做。

所有这些都对系统架构和平台开发有影响吗？

4.3.3　对系统架构和平台开发的影响

上述内容对系统架构设计有什么影响？在这些新的工作环境中，如何才能开发出一个平台呢？

让我快速总结一下我们在前几章学到的知识：

- 代际变化：管理和工程需要适应来自新世代的新要求。
- 行业变化：全球化的趋势无处不在。开发团队的同地办公正在成为一种罕见的工作模式。此外，像亚马逊和谷歌这样的平台巨头正在颠覆商业模式。制造业比以往任何时候都更加自动化，而敏捷的方法正变得越来越流行。
- 技术变革：人们越来越多地上网。AI 为流程、任务和工具的自动化创造了巨大的机会。家庭办公成为一个新的标准。

这意味着新的工作环境充满了来自全球各地的技术和团队。老一辈的人需要赶上新的技术和工具，不断学习新的东西。

系统架构设计正在虚拟环境中使用在线工具协作进行。工作流程是高度标准化的，因此工程师们可以从世界的各个角落快速地承担工作。此外，调查和分析数据的可视化得到了在线工具、AI 和机器学习方法的支持。知识库将进入一个新的时代，因为自动翻阅数据和以前的解决方案的可能性正在加速设计过程。为一个项目寻找合适的条件和参数不再是一个反复的手工过程——它也可以是自动化的。管理就是要为分散的敏捷团队创造合适的环境，并在人工智能工具的帮助下辅导他们完成日常工作。

　　此外，平台开发战略将从新工具中受益。主要问题之一始终是用平台方法可以节省多少钱。如果你在一个工具中拥有所有的业务数据，如工程成本，你可以通过运行这个工具来轻松模拟平台开发的过程。作为平台开发的一部分，标准化极大地帮助了公司的全球工程团队。因此，为了提高管理全球化工程的效率，对平台战略的需求正在增加。

总　结

　　这是一个令人兴奋的时代。世界正在发生巨大变化，技术和系统正以光速被发明和开发。自动驾驶汽车上路了；智能家居是新的生活方式；机器人和自动化正在接管各个行业。人工智能无处不在，用户通过他们的智能手机与数以千计的应用程序和一个总体的、无所不在的云架构不断连接。同时，技术平台和商业平台正在主导各行业，以便供应商能够保持竞争力并增加利润。

　　所有这些都是由电子设备驱动的，而这些设备有一个共同点：它们需要一个系统架构。对于某些设备来说，这可能非常简单，一个人就能轻松完成。然而，对于其他设备，设计一个系统架构是非常复杂的，需要许多团队来完成这项任务。在某些情况下，设计过程是如此的不正式，也许甚至不应该被称为一个过程。其他一些情况可能需要一个非常结构化、系统化和有据可查的方法来处理系统的复杂性。

　　每当重用发挥作用的时候，平台开发的策略就会成为一个热门话题。重用可以作为内部开发的改进，以提高效率和质量，也可能是一种产品策略，创建一个平台并将其出售或作为产品使用。无论哪种情况，都可以归结为开发中的一个单一标准：重用。重用可以跨越产品和世代，以改善公司的发展，它甚至可以跨越许多客户。

　　我认为，在开发电子设备的领域，系统架构设计和平台开发策略是最重要的考虑因素。此外，在今天的复杂环境中，它们正变得越来越关键。

　　系统的理解和平台的思考对工程师来说是绝对必要的，只有掌握了当前开发任务的大局，他们才能从中获益。而管理层只能从那些具有平台和重用思维的工程师上获益。还有什么能比这更好的呢？答案是：创造一次东西，然后一次又一次地卖掉它。

　　今天工业和电子发展的其他主要影响因素是 AI 和机器学习。这些有可能改变我们的工作和思维方式，它们也需要新的系统方法。此外，敏捷开发已经成熟，甚至保守的汽车制造商也在应用规模化的敏捷框架来处理汽车中电子和软件的复杂性。最后，管理风格必须改变，以应对组织的复杂性和敏捷开发方法。

　　在这本书中，我对系统架构设计和平台开发策略进行了介绍。在第 2 章，我在电子产品开发的系统工程背景下定义了系统架构设计。我介绍了设计过程的准备工作：需求工程、团队结构、产品生命周期、工作量估算、流程和项目管理。V模型为系统化的方法提供了指导。然后，描述了实际的设计过程，包括系统的不同组成部分、行为和层次。此外，我描述了如何创建性能分析、变体、可伸缩性和系统元素的分布。第2章以一个例子结束，以阐明一些更实际的方面。

本书的第3章描述了平台开发策略，以及为什么要考虑这些策略，如改善上市时间或提高质量。我涵盖了平台开发的商业、技术和组织方面，并在这一章的结尾提出了平台开发食谱，为任何考虑平台开发的人提供通用指导。

最后，在本书的第4章，我描述了目前正在改变行业的一些主要驱动因素，例如，人工智能、敏捷开发和组织变革，以及它们如何影响系统架构和平台开发。

图1在一个视图中显示了这些基本要素。

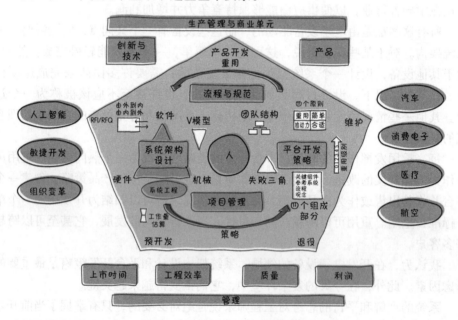

图1 系统架构和平台开发概览

可以看出，所有的元素都是围绕着人而放置的。工程师、雇员和普通人是最重要的因素。没有他们，一切都无法完成。中间部分可以看到本书的两个主要主题被系统架构设计的软件、硬件、机械、V模型、由外向内和由内向外等关键元素所包围。其他元素包括四个原则和四个组成部分，重用层级，以及平台开发策略的失败三角区等。项目管理、流程和法规对系统架构和平台开发起着重要作用。系统架构为平台提供策略，而平台为系统架构提供重用。所有这些都发生在产品生命周期的范围内。管理层的主要驱动力是上市时间、工程效率、质量和利润，而产品管理和业务部门关心的是创新、技术和产品定义。所有这些都受到人工智能、敏捷开发和组织变革这三个驱动因素的影响。所有这些元素都在以不同的形式被不同的行业所应用，如汽车、消费、医疗和航空电子。

最后，我希望我的书提供了愉快的阅读体验和有价值的信息。此外，我总是对学习其他的想法、新方法和不同的方法感兴趣。请不要犹豫，您可以通过我的网页 www.system‑architecture‑design.com 与我取得联系。

参 考 文 献

1. A. Kossiakoff and W. Sweet, Systems Engineering, United Kingdom: John Wiley Sons, Inc., 2003.
2. Department of Defense, Systems Engineering Fundamentals, Virginia: Defense Acquisition University Press, 2001.
3. K. Hambleton and et al, Conquering Complexity: Lessons for Defence Systems Acquisition, London: Stationery Office Books, 2005.
4. P. Fortescue, J. Stark and G. Swinerd, Spacecraft Systems Engineering, West Sussex, England: John Wiley & Sons Ltd., 2003.
5. SIG, VDA QMC Working Group 13 / Automotive, Automotive SPICE, Version 3.0, VDA, 2015.
6. K. Hoermann, M. Mueller, L. Dittmann and J. Zimmer, Automotive SPICE in Practice, USA: Rocky Nook Inc., Santa Barbara, 2008.
7. R. Sharp, Principles of Protocol Design, Berlin Heidelberg: Springer Verlag, 2008.
8. Verband der Automobilindustrie, Reifegradabsicherung für Neuteile, Online: VDA, 2021.
9. T. Weilkiens, Systems Engineering mit SysML/UML, Heidelberg: dpunkt.verlag, 2014.
10. E. d. Bono, Six Thinking Hats, New York: Penguin Books, 1999.
11. P. Lencioni, The Five Dysfunctions of a Team, San Francisco: Jossey-Bass, 2002.
12. M. E. McGrath, Product Strategy For High Technology Companies, New York: McGraw-Hill, 2001.
13. E. Gamma, R. Helm, R. Johnson and J. Vlissides, Design Patterns, New York: Addison-Wesley, 1994.
14. R. O. Duda, P. E. Hart and D. G. Stork, Pattern Classification, 2nd edition, New York: John Wiley & Sons, Ltd., 2000.
15. T. M. Mitchell, Machine Learning, USA: McGraw-Hill Companies, Inc, 1997.
16. J. Sutherland, Scrum: The Art of Doing Twice the Work in Half the Time, New York: Crown Business, 2014.
17. J. S. Ken Schwaber, Software in 30 Days, New Jersey: John Wiley and Sons, Inc., 2012.
18. J. Appelo, Management 3.0, Crawfordsville, Indiana: Addison Wesley, 2014.

Translation from the English language edition:
System Architecture Design and Platform Development Strategies
by Tobias Münch
Copyright © The Editor（s）(if applicable) and The Author（s），under exclusive license to Springer Nature Switzerland AG 2022.
This edition has been translated and published under licence from Springer Nature Switzerland AG.
Springer Nature Switzerland AG takes no responsibility and shall not be made liable for the accuracy of the translation.
All Rights Reserved
This edition is authorized for sale in the Chinese mainland（excluding Hong Kong SAR，Macao SAR and Taiwan）.

此版本仅限在中国大陆地区（不包括香港、澳门特别行政区及台湾地区）销售。

北京市版权局著作权合同登记 图字：01-2023-2653。

图书在版编目（CIP）数据

系统架构设计与平台开发策略/（丹）托比亚斯·明希（Tobias Münch）著；侯旭光译. —北京：机械工业出版社，2023.11

（汽车先进技术译丛. 汽车创新与开发系列）

书名原文：System Architecture Design and Platform Development Strategies：An Introduction to Electronic Systems Development in the Age of AI，Agile Development，and Organizational Change

ISBN 978-7-111-73918-0

Ⅰ. ①系… Ⅱ. ①托…②侯… Ⅲ. ①汽车-电子系统-系统设计 Ⅳ. ①U463.6

中国国家版本馆 CIP 数据核字（2023）第 179134 号

机械工业出版社（北京市百万庄大街22号　邮政编码100037）
策划编辑：孙　鹏　　　　　责任编辑：孙　鹏
责任校对：龚思文　梁　静　封面设计：鞠　杨
责任印制：张　博
北京建宏印刷有限公司印刷
2023年11月第1版第1次印刷
169mm×239mm·11印张·2插页·212千字
标准书号：ISBN 978-7-111-73918-0
定价：99.00元

电话服务　　　　　　　　　网络服务
客服电话：010-88361066　　机　工　官　网：www.cmpbook.com
　　　　　010-88379833　　机　工　官　博：weibo.com/cmp1952
　　　　　010-68326294　　金　书　网：www.golden-book.com
封底无防伪标均为盗版　　　机工教育服务网：www.cmpedu.com